MW00414646

LEARN ITALIAN WITH BEGINNER STORIES

ISBN: 978-1-987949-86-5

This book is published by Bermuda Word. It has been created with specialized software that produces a three line interlinear format.

Please contact us if you would like a pdf version of this book with different font, font size, or font colors and/or less words per page!

LEARN-TO-READ-FOREIGN-LANGUAGES.COM

Dear Reader and Language Learner!

You're reading the Paperback edition of Bermuda Word's interlinear and pop-up HypLern Reader App. Before you start reading Italian, please read this explanation of our method.

Since we want you to read Italian and to learn Italian, our method consists primarily of word-for-word literal translations, but we add idiomatic English if this helps understanding the sentence.

For example:
Fui   a un tratto arrestato
Was at a stroke stopped
[Suddenly I was stopped]

The HypLern method entails that you re-read the text until you know the high frequency words just by reading, and then mark and learn the low frequency words in your reader or practice them with our brilliant App.

Don't forget to take a look at the e-book App with integrated learning software that we offer at learn-to-read-foreign-languages.com! For more info check the last two pages of this e-book!

Thanks for your patience and enjoy the story and learning Italian!

Kees van den End

LEARN-TO-READ-FOREIGN-LANGUAGES.COM

3 Titolo & Indice

SOMMARIO
CONTENTS

Carlo   Collodi (1826-1890)
Carlo   Collodi   1826   1890

La   Bella   -   Addormentata   Nel   Bosco   (page 4)
The Beauty   Asleep   In The Forest

La   Bella   -   La   Madre   Del   Principe   (page 22)
The Beauty   The Mother Of The Prince

Puccettino   -   La   Famiglia   Degli   Taglialegni   (page 56)
Puccettino   The Family   Of The Woodcutters
(Tom Thumb)

Puccettino   -   Il   Orco   (page 82)
Puccettino   The Ogre
(Tom Thumb)

Pelle   D'Asino   -   Il   Re   (page 114)
Hide   Of Donkey   The King
        (Of The Donkey)

Pelle   D'Asino   -   La   Principessa   (page 128)
Hide   Of Donkey   The Princess
        (Of The Donkey)

Pelle   D'Asino   -   Il   Principe   (page 154)
Hide   Of Donkey   The Prince
        (Of The Donkey)

LA BELLA - ADDORMENTATA NEL BOSCO
THE BEAUTY ASLEEP IN THE FOREST

C'era una volta un Re e una Regina che erano
There was one time a King and a Queen that were
(were)

disperati di non aver figliuoli, ma tanto disperati, da
desperate of not to have children but so desperate that

non potersi dir quanto. Andavano tutti gli anni ai
not can one say how much Went all the years to the
(They went)

bagni, ora qui ora là: voti, pellegrinaggi; vollero
baths now here now there vows pilgrimages they wanted

provarle tutte: ma nulla giovava. Alla fine la Regina
to try them all but nothing helped At end the Queen
(in) the

rimase incinta, e partorì una bambina. Fu fatto un
remained pregnant and gave birth to a child There was made a
(became) (given)

battesimo di gala; si diedero per comari alla
baptism of feast one gave for godmothers to the
()

Principessina tutte le fate che si poterono trovare nel
little Princess all the fairies that they could find in the

paese (ce n'erano sette) perché ciascuna di esse le
country there of them were seven so that everyone of them her

facesse un regalo.
made a gift

6   La Bella Addormentata

E   così   toccarono   alla   Principessa   tutte   le   perfezioni
And   like that   touched   the   princess   all   the   perfections
      (were given to)

immaginabili   di   questo   mondo.   Dopo   la   cerimónia   del
imaginable   of   this   world.   After   the   ceremony   of the

battesimo,   il   corteggio   tornò   al   palazzo   reale,   dove
baptism   the   procession   returned   to the   palace   royal   where

si dava   una   gran   festa   in   onore   delle   fate.
was given   a   large   feast   in   honor   of the   fairies

Davanti   a   ciascuna   di   esse   fu   messa   una   magnifica
In front   of   every one   of   them   was   put   a   magnificent

posata,   in   un   astuccio   d'oro   massiccio,   dove   c'era
cutlery   in   a   sheath   of gold   solid   where   there was

dentro   un   cucchiaio,   una   forchetta   e   un   coltello   d'oro
within   a   spoon   a   fork   and   a   knife   of gold

finissimo,   tutti   guarniti   di   diamanti   e   di   rubini.
most fine   all   decorated   with   diamonds   and   with   rubies

7   La Bella Addormentata

Ma in quel mentre stavano per prendere il loro posto
But in that while they were to take the their place ()

a tavola, si vide entrare una vecchia fata, la quale
at (the) table was seen to enter an old fairy that which (who)

non era stata invitata con le altre, perché da
not was been (had) invited with the others because since

cinquant'anni non usciva più dalla sua torre e tutti la
fifty years not she came out anymore from her tower and all her

credevano morta e incantata. Il Re le fece dare una
they believed dead and bewitched The King her let give a

posata, ma non ci fu modo di farle dare, come alle
cutlery but not there was way of to make them give like to the

altre, una posata d'oro massiccio, perché di queste ne
others a cutlery of gold solid because of these of them

erano state ordinate solamente sette, per le sette fate.
were been (had) ordered only seven for the seven fairies

La vecchia prese la cosa per uno sgarbo, e brontolò
The old took the thing for an impoliteness and grumbled

fra i denti alcune parole di minaccia.
between the teeth some words of threat

Una	delle	giovani	fate,	che	era	accanto	a	lei,	la
One	of the	young	fairies	that	was	next	to	her	her

sentì,	e	per	paura	che	volesse	fare	qualche	brutto
heard	and	for	fear	that	she wanted	to make	some	ugly (evil)

regalo	alla	Principessina,	appena	alzati	da	tavola,	andò
gift	to the	little Princess	as soon as	risen	from	(the) table	went

a	nascondersi	dietro	una	portiera,	per	potere	in	questo
to	hide herself	behind	a	door-hanging	for	to be able	in	this

modo	esser	l'ultima	a	parlare,	e	rimediare,	in	quanto
way	to be	the last	to	speak	and	to make up for	in	how much

fosse	stato	possibile,	al	male	che	la	vecchia	avesse
it was (had)	been	possible	to the	evil	that	the	old woman	had (would have)

fatto.	Intanto	le	fate	cominciarono	a	distribuire	alla
done	Meanwhile	the	fairies	began	to	distribute	to the

Principessa	i	loro	doni.	La	più	giovane	di	tutte	le
Princess	the	their ()	gifts	The	most	young	of	all	her

diede	in	regalo	che	ella	sarebbe	stata	la	più	bella
gave	in (as)	gift	that	she	would be (would have)	been	the	most	beautiful

donna	del	mondo.
woman	of the	world

Un'altra,	che	ella	avrebbe	avuto	moltissimo	spirito:	la
An other	that	she	would have	had	a lot of	spirit	the

terza,	che	avrebbe	messo	una	grazia	incantevole	in
third	that	(she) would have	put	a	grace	charming	in

tutte	le	cose	che	avesse	fatto:	la	quinta	che	avrebbe
all	the	things	that	had	done	the	fifth	that	she would have
				(she would have)					

cantato	come	un	usignolo:	e	la	sesta,	che	avrebbe
sung	like	a	nightingale	and	the	sixth	that	she would have

suonato	tutti	gli	strumenti	con	una	perfezione	da
played	all	the	instruments	with	a	perfection	from

strasecolare.	Essendo	venuto	il	momento	della	vecchia
out of old ages (unwordly)	Being	come	the	moment	of the	old

fata,	essa	disse	tentennando	il	capo	più	per	la	bizza
fairy	she	said	shaking	the	head	more	because of the		anger

che	per	ragion	degli	anni,	che	la	Principessa	si
than	for	reason	of the	years	that	the	Princess	herself

sarebbe	bucata	la	mano	con	un	fuso	e	che	ne
would be (would have)	pricked	the	hand	with (on)	a	spindle	and	that	of it

sarebbe	morta!
would be (would)	died (die)

Questo / This orribile / horrible regalo / gift fece / made venire / come i / the brividi / shivers a / to tutte / all le / the

persone / persons della / of the corte, / court e / and non / not ci / there fu / was uno / one solo / alone () che / that non / not

piangesse. / cried A / At questo / this punto, / point la / the giovane / young fata / fairy uscì / came out di / from

dietro / behind la / the portiera / door-hanging e / and disse / said forte / loud queste / these parole: / words

"Rassicuratevi, / Be assured o / o Re / King e / and Regina; / Queen la / the () vostra / your figlia / daughter non / not

morirà: / shall die è / it is vero / true che / that io / I non / not ho / have abbastanza / enough potere / power per / for

disfare / to unravel tutto / wholly l'incantesimo / the spell che / that ha / has fatto / made la / the () mia / my sorella / sister

maggiore.." / eldest

11 La Bella Addormentata

"La Principessa si bucherà la mano con un fuso, ma
The Princess herself will prick the hand with a spindle but

invece di morire, s'addormenterà soltanto in un profondo
instead of to die she will fall asleep only in a deep

sonno, che durerà cento anni, in capo ai quali il
sleep that will last (a) hundred years at the end of the which the

figlio di un Re la verrà a svegliare".
son of a King her he will come to wake up

Il Re, per la passione di scansare la sciagura
The King because of the passion of avoiding the disaster
(great wish)

annunziatagli dalla vecchia, fece subito bandire un editto,
announced to him by the old woman let immediately announce an edict

col quale era proibito a tutti di filare col fuso e di
according to which it was forbidden to all to spin with the spindle and to

tenere fusi per casa, pena la vita.
keep spindles at home punishment the life
(on pain of death)

Fatto	sta,	che	passati	quindici	o	sedici	anni,	il	Re	e
Fact	stands (is)	that	passed	fifteen	or	sixteen	years	the	King	and

la	Regina	essendo	andati	a	una	loro	villa,	accadde
the	Queen	being	gone	to	one	of them	villa	it happened

che	la	Principessina,	correndo	un	giorno	per	il	castello
that	the	little Princess	running	one	day	through	the	castle

e	mutando	da	un	quartiere	all'altro,	salì	fino	in	cima
and	changing	from	one	quarter	to another	climbed up	finally	in	top (to the top floor)

a	una	torre,	dove	in	una	piccola	soffitta	c'era	una
of	a	tower	where	in	a	small	attic	there was	an

vecchina,	che	se	ne	stava	sola sola,	filando	la	sua
old lady	that	herself	of it	was	alone alone (just by herself)	spinning	her	own

rocca.	Questa	buona	donna	non	sapeva	nulla	della
spindle	This	good	woman	not	knew	nothing	of the

proibizione	fatta	dal	Re	di	filare	col	fuso.	"Che	fate
prohibition	made	by the	King	of	to spin	with the	spindle	What	do you

voi,	buona	donna?" ,	disse	la	Principessa.
you	good	woman	said	the	Princess

14   La Bella Addormentata

"Son qui che filo, mia bella ragazza", le rispose la
Am here (so) that (I) spin my beautiful girl her answered the
(I am)

vecchia, che non la conosceva punto. "Oh! carino,
old woman that not her knew at all Oh pretty

carino tanto!", disse la Principessa, "ma come fate?
pretty so much said the Princess but how do you
(it)

datemi un po' qua, che voglio vedere se mi riesce
give to me a bit here that I want to see if me it succeeds

anche a me." Vivacissima e anche un tantino avventata
also to me Very lively and also a bit much rushed

com'era (e d'altra parte il decreto della fata voleva
as was and to the other side the decree of the fairy wanted
(as she was)

così), non aveva ancora finito di prendere in mano il
thus not had hardly finished to take in hand the

fuso, che si bucò la mano e cadde svenuta. La
spindle that herself pricked the hand and fell swooning The
(when)

buona vecchia, non sapendo che cosa si fare, si
good old lady not knowing that what herself to do she

mette a gridare aiuto. Corre gente da tutte le parti:
began to scream help Run people from all the parts
(directions)

15 La Bella Addormentata

Spruzzano — Spray (They splash)
dell'acqua — of the water (water)
sul — on the
viso — face
alla — to the (of the)
Principessa: — Princess
le — her

sganciano — they undo
i — the
vestiti, — dresses
le — of her
battono — they strike
sulle — on the
mani, — hands
le — her

stropicciano — they dampen
le — the
tempie — temples
con — with
acqua — water
della — of the
Regina — Queen

d'Ungheria; — of Hungary
ma — but
non — not
c'è — there is
verso — direction (possibility)
di — of
farla — to make her
tornare — return
in — in (to)
sé. — herself

Allora — Then
il — the
Re, — King
che — that
era — was (had)
accorso — rushed up
al — to the
rumore, — noise
si — himself
ricordò — remembered

della — of the
predizione — prediction
delle — of the
fate: — fairy
e — and
sapendo — knowing
bene — well
che — that
questa — this

cosa — thing
doveva — had to
accadere, — happen
perché — because
le — the
fate — fairies
l'avevano — it had
detto, — said

fece — he let
mettere — put
la — the
Principessa — Princess
nel — in the
più — most
bell'appartamento — beautiful apartment
del — of the

palazzo, — palace
sopra — on
un — a
letto — bed
tutto — all (all covered with)
ricami — embroiderings
d'oro — of gold
e — and
d'argento. — of silver

Si	sarebbe	detta	un	angelo,	tanto	era	bella:	perché	lo
One	would be (would have)	said	an	angel	so much	she was	beautiful	because	the

svenimento	non	aveva	scemato	nulla	alla	bella	tinta
faint	not	had	diminished	nothing	of the	beautiful	complexion

rosa	del	suo	colorito:	le	gote	erano	di	un	bel
rose	of the (of)	her	color	the	cheeks	were	of	a	beautiful

carnato,	e	le	labbra	come	il	corallo.
fleshiness	and	the	lips	like	the ()	coral

Ella	aveva	soltanto	gli	occhi	chiusi:	ma	si	sentiva
She	had	merely	the	eyes	closed	but	one	heard

respirare	dolcemente;	e	così	dava	a	vedere	che	non
(her) breathe	softly	and	so	(she) gave	to	see	that	not

era	morta.	Il	Re	ordinò	che	la	lasciassero	dormire	in
she was	dead	The	King	he ordered	that	her	they left	sleep	in

pace	finché	non	fosse	arrivata	la	sua	ora	di	destarsi.
peace	until	not ()	was (had)	arrived	the ()	her	time	of	waking up

17 La Bella Addormentata

La buona fata, che le aveva salvata la vita,
The good fairy that her had saved the life

condannandola a dormire per cento anni, si trovava nel
condemning her to sleep for (a) hundred years found herself in the (was)

regno di Matacchino, distante di là dodici mila
reign of Matacchino distant of here twelve thousand

chilometri, quando capitò alla Principessa questa
kilometers when happened to to the Princess this

disgrazia: ma ne fu avvertita in un baleno da un
misfortune but of it (she) was warned in a flash by a

piccolo nano che portava ai piedi degli stivali di sette
small dwarf that wore on the feet of the () boots of seven

chilometri (erano stivali, coi quali si facevano sette
kilometers they were boots with the which one made seven

chilometri per ogni gambata). La fata partì subito, e
kilometers for every stride The fairy left immediately and

in men di un'ora fu vista arrivare dentro un carro di
in less than an hour was seen to arrive in a chariot of

fuoco, tirato dai draghi.
fire pulled by dragons

Il **Re** andò ad offrirle la mano, per farla scendere
The King went to offer her the hand for to make her come down
(to help her)

dal carro. Ella diè un'occhiata a quanto era stato
from the wagon She gave a look to how much was been
(had) (what) (had)

fatto: e perché era molto prudente, pensò che quando
done and because she was very prudent she thought that when
(thoughtful)

la Principessa venisse a svegliarsi, si vedrebbe in un
the Princess came to wake up herself would see in a

brutto impiccio, a trovarsi sola sola in quel vecchio
bad tangle to find herself all alone in that old

castello; ed ecco quello che fece. Toccò colla sua
castle and look that what she did Touched with the her
(look at) (She touched) (with)

bacchetta tutto ciò che era nel castello (meno il Re
wand all that what was in the castle less the King
(except for)

e la Regina) governanti, damigelle d'onore, cameriste,
and the Queen governesses maids of honour waiting maids
(nannies)

gentiluomini, ufficiali, maggiordomi, cuochi, sguatteri, lacchè,
courtiers officials butlers cooks kitchen maids lackeys

guardie, svizzeri, paggi e servitori..
guards Swiss pages and servants
(Swiss guards)

19   La Bella Addormentata

E   così   toccò   ugualmente   tutti   i   cavalli,   che   erano
And   thus   (she) touched equally   all   the   horses   that   were

nella   scuderia   coi   loro   palafrenieri   e   i   grossi   mastini   di
in the   stable   with the their   horse grooms   and   the large   mastiffs   of
                      (with)   [guard dogs

guardia   nei   cortili   e   la   piccola   Puffe,   la   canina   della
guard   in the   courtyards   and   the   tiny   Puff   the   little dog   of the
]

Principessa,   che   era   accanto   a   lei,   sul   suo   letto.
Princess   that   was   next   to   her   on the   her   bed
                                                          (on)

Appena   li   ebbe   toccati,   si   addormentarono   tutti,   per
As soon as them   she had   touched   they   fell asleep   all   for

risvegliarsi   soltanto   quando   si   sarebbe   risvegliata   la   loro
to wake up   only   when   herself   would be   woken up   the   their
                                                (have)   ()

padrona,   onde   trovarsi   pronti   a   servirla   in   tutto   e   per
lady   in order to   find themselves   ready   to   serve her   in   all   and   for

tutto.   Gli   stessi   spiedi,   che   giravano   sul   fuoco,   pieni
all   The   very   spits   that   turned   over the   fire   full

di   pernici   e   di   fagiani   si   addormentarono;   e
of   partridges   and   of   pheasants   they fell asleep   and

si   addormentò   anche   il   fuoco.
fell asleep   also   the   fire

E tutte queste cose furono fatte in un batter d'occhio;
And all these things were done in a (the) blink of eye (of an eye)

perché le fate sono sveltissime nelle loro faccende.
because the fairies are very fast in their doings

Allora il Re e la Regina, quand' ebbero baciata la
Then the King and the Queen, when they had kissed the ()

loro figliuola, senza che si svegliasse, uscirono dal
their daughter, without that she woke up they went out from the

castello, e fecero bandire che nessuno si fosse
castle, and they made (let) announce publicly that nobody himself was to

avvicinato a quei pressi. E la proibizione non era
come near to these (this) vicinity. And the prohibition not was

nemmeno necessaria, perché in meno d'un quarto d'ora
not even necessary, because in less than a quarter of hour (quarter of an hour)

crebbe, lì dintorno al parco, una quantità straordinaria
grew there around (to) the park, an amount extraordinary

di alberi, di arbusti, di sterpi e di pruneti, così
of trees, of shrubs, of thickets and of thorny bushes so

intrecciati fra loro, che non c'era pericolo che uomo o
entangled between them (each other) that not there was danger that man or

animale potesse passarvi attraverso.
beast could pass there through.

Si vedevano appena le punte delle torri del castello:
Were visible hardly the pinnacles of the towers of the castle

ma bisognava guardarle da una gran distanza. E
but (one) had to watch them from a large distance And

anche qui è facile riconoscere che la fata aveva
too here it is easy to admit that the fairy had

trovato un ripiego del suo mestiere, affinché la
found a solution of the (of) her trade so that the

Principessa, durante il sonno, non avesse a temere
Princess during the (her) sleep not had to fear

l'indiscretezza dei curiosi.
the indiscretion of the curious (people)

LA BELLA - LA MADRE DEL PRINCIPE
THE BEAUTY — THE MOTHER — OF THE PRINCE

In capo a cent'anni, il figlio del Re che regnava
In end to hundred years the son of the King that reigned
(At the end of)

allora, e che era di un'altra famiglia che non aveva
then and that was of an other family that not had

che far nulla con quella della Principessa addormentata,
to do nothing with that of the Princess asleep

andando a caccia in quei dintorni, domandò che cosa
going to hunt in those surroundings asked what thing

fossero le torri che si vedevano spuntare al di sopra
were the towers that were seen to stick out over

di quella folta boscaglia.
of that dense scrub

Ciascuno gli rispose, secondo quello che ne avevano
Everyone him answered according to that what of it they had

sentito dire.
heard say

Chi gli diceva che era un vecchio castello abitato
Who him said that (it) was an old castle inhabited
(This one)

dagli spiriti; chi raccontava che tutti gli stregoni del
by the ghosts who told that all the sorcerers of the
(others)

vicinato ci facevano il loro sabato. La voce più
neighbourhood there made the their sabbath The voice most
() (rumor)

comune era quella che ci stesse di casa un orco,
common was that one that there was at home an ogre

il quale portava dentro tutti i ragazzi che poteva
who carried inside all the kids that he could

agguantare, per poi mangiarseli a suo comodo, e
catch for then to eat them at his ease and

senza pericolo che qualcuno lo rincorresse, perché egli
without danger that someone him would run after because he

solo aveva la virtù di aprirsi una strada attraverso il
alone had the ability to open himself a road through the

bosco.
forest

25 La Madre Del Principe

Il Principe non sapeva a chi dar retta, quando un
The Prince not knew to whom give truth (to believe) when an

vecchio contadino prese la parola e gli disse:
old peasant took the word and him said

"Mio buon Principe, sarà ormai più di cinquant'anni che
My good prince it will be by now more than fifty years (fifty years ago) that

ho sentito raccontare da mio padre che in quel
I have heard tell by my father that in that

castello c'era una Principessa, la più bella che si
castle there was a Princess, the most beautiful that one

potesse mai vedere; che essa doveva dormirvi cento
could ever see; that she had to sleep there hundred

anni, e che sarebbe destata dal figlio di un Re, al
years, and that she would be woken up by the son of a King, to the (to)

quale era destinata in sposa".
which she was destined in marriage

A queste parole, il Principe s'infiammò; senza esitare
At these words the prince enflamed without to hesitate
(got excited)

un attimo, pensò che sarebbe stato lui, quello che
a moment he thought that would been he the one that
(would have)

avrebbe condotto a fine una sì bella avventura, e
would have lead to end a so beautiful adventure and

spinto dall'amore e dalla gloria, decise di mettersi
stimulated by the love and by the glory decided of to put himself
()

subito alla prova.
immediately to the test

Appena si mosse verso il bosco, ecco che subito tutti
As soon as he moved towards the forest here , see that immediately all

gli alberi d'alto fusto e i pruneti e i roveti si tirarono
the trees of high stems and the bushes and the brambles pulled themselves

da parte, da se stessi, per lasciarlo passare.
to (the) side from themselves for to let him pass
(by)

Egli s'incamminò verso il castello, che era in fondo a
He walked towards the castle that was at (the) back of
(end)

un viale, ed entrò dentro; e la cosa che gli fece
an avenue and he entered inside and the thing that him made
(gave)

un po' di stupore, fu quella di vedere che nessuno
a bit of astonishment was that of seeing that nobody

delle sue genti aveva potuto seguirlo, perché gli alberi,
of the his people had been able to follow him because the trees
(of)

appena passato lui, erano tornati a ravvicinarsi. Ma
as soon as passed he were returned to come back together But

non per questo si peritò a tirare avanti per la sua
not for this himself flinched back to pull ahead by the his
(push) ()

strada: un Principe giovine e innamorato è sempre pien
road a Prince young and in love is always full

di valore. Entrò in un gran cortile, dove lo spettacolo
of valour He entered in a large courtyard where the spectacle

che gli apparve dinanzi agli occhi sarebbe bastato a
that him appeared before to the eyes would be been enough to
(would have)

farlo gelare di spavento.
make him freeze of fright

C'era   un   silenzio,   che   metteva   paura: dappertutto
There was   a   silence   that   put   fear   everywhere

l'immagine della   morte: non   si vedevano   altro   che   corpi
the image   of the death   not   one saw   other   than   bodies
            (of)

distesi   per   terra,   di   uomini   e   di   animali,   che   parevano
stretched out on   (the) ground of   men   and   of   animals   that   seemed

morti,   se   non   che   dal   naso   bitorzoluto   e   dalle   gote
dead   if   not   that   from the   nose   knobby   and   from the   cheeks
                      (for that)

vermiglie   dei   guardaportoni,   egli   si   poté   accorgere   che
red   of the   gatekeepers   he   himself   could   notice   that

erano   soltanto   addormentati,   e   i   loro   bicchieri,   dove
they were   just   asleep   and   the   their   glasses   where
                                               ()

c'erano   sempre   gli   ultimi   sgoccioli   di   vino,   mostravano
there were   still   the   last   drops   of   wine   showed

chiaro   che   si   erano   addormentati   trincando.
clearly   that   themselves   were   fallen asleep   drinking
                                 (had)

Passa   quindi   in   un   altro   gran   cortile,   tutto   lastricato   di
Passes   thereafter   in   an   other   large   courtyard   all   paved   with
(He passes)

marmo;
marble

sale la scala ed entra nella sala delle guardie, che
climbs the stairs and enters into the hall of the guards that

erano tutte schierate in fila colla carabina in braccio,
were all lined up in (a) row with the carabine in arm

e russavano come tanti ghiri; traversa molte altre
and snored like so many dormice he traverses many other

stanze piene di cavalieri e di dame, tutti addormentati,
rooms full of knights and of ladies all asleep

chi in piedi chi a sedere. Entra finalmente in una
who on their feet who to sit Enters finally in a
(some) (others) (while) (sitting) (He entered)

camera tutta dorata, e vede sopra un letto, che aveva
room all gilded and sees on a bed that had

le cortine tirate su dai quattro lati, il più bello
the curtains pulled up on the four sides the most beautiful

spettacolo che avesse visto mai, una Principessa che
sight that he had seen ever a Princess that

mostrava dai quindici ai sedici anni, e nel cui aspetto
showed from the fifteen to the sixteen years and in the whose aspect
(seemed to be) (from) (to) (in)

sfolgoreggiante c'era qualche cosa di luminoso e di
radiant there was some thing of luminous and of
(something) () ()

divino.
divine

Si accostò tremando e ammirando, e si pose in
Himself approached trembling and admiring and placed himself in
(He approached) (on the)

ginocchio accanto a lei. In quel punto, siccome la fine
knee next to her In that point since the end
(knees)

dell'incantesimo era arrivata, la Principessa si svegliò, e
of the spell was arrived the Princess herself woke up and
()

guardandolo con certi occhi, più teneri assai di quello
watching him with certain eyes more tender much than that

che sarebbe lecito in un primo abboccamento, "Siete
what would be permissible in a first conversation Is it
(encounter)

voi, o mio Principe?", ella gli disse. "Vi siete fatto
you oh my Prince she him said You are made
[You made me wait a long

molto aspettare!"
a lot (to) wait
time]

Il Principe, incantato da queste parole, e più ancora
The Prince enchanted by these words and more still

dal modo col quale erano dette, non sapeva come
by the way with which they were said not knew how

fare a esprimerle la sua grazia e la sua gratitudine.
to make to express to her the his thanks and the his gratitude
() ()

Giurò   che   l'amava   più   di   se   stesso.   I   suoi   discorsi
Swore   that   he loved her   more   than   himself   The   his   discourses
(He made an oath)   ()

furono   sconnessi   e   per   questo   piacquero   di   più;
were   incoherent   and   for   this   pleased   of   more
                                                               ()

perché,   poca   eloquenza,   grande   amore!
because   little   eloquence   large   love

Esso   era   più   imbrogliato   di   lei,   né   c'è   da   farsene
He   was   more   confused   than   her   neither   it is   to   do one of it

meraviglia,   a   motivo   che   la   Principessa   aveva   avuto
wonder   for   (the) reason   that   the   Princess   had   had

tutto   il   tempo   per   poter   pensare   alle   cose   che
all   the   time   for   to be able   to think   of the   things   that

avrebbe   avuto   da   dirgli: perché,   a   quanto   pare   (la
she would have   had   to   say to him   because   to   as far as   (it) appears   the

storia   peraltro   non   ne   fa   parola),   durante   un   sonno
story   otherwise   not   of   it makes word   during   a   sleep

così   lungo,   la   sua   buona   fata   le   aveva   regalato   dei
so   long   the   her   good   fairy   her   had   given   of the
                  ()   (the)

piacevolissimi   sogni.
most pleasant   dreams

Fatto   sta,   che   erano   già   quattro   ore   che   parlavano   fra
Fact   stands   that   (they) were   already   four   hours   that   they spoke   between
(The fact)   (is)   (it was)

loro   due,   fitto   fitto,   e   non   si   erano   ancora   detta   la
them   two   close   close   and   not   there   were   even   said   the
[intimately]   (had they)   ()

metà   delle   cose   che   avevano   da   dirsi.
half   of   (the) things   that   they had   to   tell each other

Intanto   tutte   le   persone   del   palazzo   si   erano   svegliate
Meanwhile   all   the   persons   of the   palace   themselves were   woken up
()   (had)

colla   Principessa: e   ciascuno   aveva   ripreso   le   sue
with the   Princess   and   everyone   had   resumed   the   his/her
()

faccende: e   siccome   tutti   non   erano   innamorati,   così
activities   and   since   all   not   they were   in love   thus

non   si   reggevano   in   piedi   dalla   fame.   La   dama
not   themselves   (they) stayed   on   (their) feet   from   hunger   The   lady

d'onore,   che   sentiva   sfinirsi   come   gli   altri,   perdé   la
of honor   that   felt   faint   like   the   others   lost   the

pazienza   e   disse   ad   alta   voce   alla   Principessa   che   la
patience   and   said   at   loud   voice   to the   Princess   that   the

zuppa   era   in   tavola.
soup   was   in   (the) table
(on)

Il Principe diede mano alla Principessa perché
The Prince gave hand to the Princess because

si alzasse: ella era già abbigliata e con gran
she got up she was already dressed and with large

magnificenza: ed egli fu abbastanza prudente da farle
magnificence and he was sufficiently prudent to make her

osservare che era vestita come la mi' nonna, e che
observe that (she) was dressed like the () my grandmother and that

aveva un camicino alto fin sotto gli orecchi, come
she had a blouse high up to under the ears like

costumava un secolo addietro. Ma non per questo era
(people) dressed a century ago But not for this she was

meno bella. Passarono nel gran salone degli specchi e
less beautiful Passed in the large hall of mirrors and
(They went into)

lì cenarono, serviti a tavola dagli ufficiali della
there they had supper served at (the) table by the officials of the

Principessa. Gli oboè e i violini suonarono delle
Princess. The hoboes and the violins played of the
()

sinfonie vecchissime, ma sempre belle, quantunque fosse
symphonies very old but still beautiful although it was

quasi cent'anni che nessuno pensava più a suonarle:
nearly (a) hundred years that nobody thought anymore to play them

E   dopo   cena,   senza   metter   tempo   in   mezzo,   il   grande
And   after   supper   without   to put   time   in   midst   the   great
(mettere tempo in mezzo; without dawdling)

elemosiniere   li   maritò   nella   cappella   di   corte,   e   la
chaplain   them   married   in the   chapel   of   court   and   the
[court chapel]

dama   d'onore   tirò   le   cortine   del   parato.   Dormirono
ladies   of honor   pulled   the   curtains   of the   prepared   They slept
(great bed)

poco.   La   Principessa   non   ne   aveva   un   gran   bisogno,
little   The   Princess   not   of it   had   a   great   need

e   il   Principe,   appena   fece   giorno,   la   lasciò   per
and   the   Prince   as soon as   it made   day   her   left   for
(became)

ritornare   in   città,   dove   il   padre   suo   stava   in   pensiero
to return   to   (the) city   where   the   father   his   he was   in thought
(worried)

per   lui.   Il   Principe   gli   dette   a   intendere   che,
for   him   The   Prince   him   gave   to   understand   that

nell'andare   a   caccia,   s'era   sperso   in   una   foresta   e
in the going   to   hunt   (himself) he was verdwaald   in   a   forest   and

che   aveva   dormito   nella   capanna   d'un   carbonaio,   dove
that   he had   slept   in the   hut   of a   charcoal maker   where

aveva   mangiato   del   pan   nero   e   un   po'   di   formaggio.
he had   eaten   of the   bread   black   and   a   bit   of   cheese
()

Quel buon uomo di suo padre, che era proprio un
That good man of his father that he was truly a
()

buon uomo, ci credé:
good man on it believed
(it)

ma non fu così di sua madre, la quale, vedendo
but not was such of his mother the which seeing
()

che il figliuolo andava quasi tutti i giorni a caccia e
that the son went nearly all the days at hunting and

che aveva sempre degli ammennicoli pronti per
that (he) had always of the excuses ready to
()

giustificarsi, tutte le volte che gli accadeva di passare
justify himself all the times that he happened to pass

tre o quattro nottate fuori di casa, finì col mettersi in
three or four nights outside of (the) house ended with to put in
(putting) herself

capo che ci doveva essere di mezzo qualche amoretto.
(the) head that there had to be of midst some love affair
[in the middle of] (kind of)

Perché bisogna sapere che egli passò più di due
Because needs to know that he spent more than two
(one must) (know)

anni insieme colla Principessa, e ne ebbe due figli; di
years together with the Princess and of her had two children of

cui il maggiore, che era una femmina, si chiamava
which the eldest that was a girl was called

Aurora, e il secondo che era maschio, fu chiamato
Aurora and the second that was (a) male he was called
(Dawn)

Giorno, comecché promettesse di essere anche più bello
Giorno because (he) promised of to be even more beautiful
(Day) ()

della sorella.
than the sister

La Regina si provò più volte a interrogare il figlio, e
The Queen tried more times to interrogate the son and

a metterlo su per levargli di sotto qualche parola:
to put him on to subtract him from under some word
[to get him to] [to subtract from him]

dicendogli che in questo mondo ognuno è padrone di
telling him that in this world everyone is master to

fare il piacer suo: ma egli non si arrisicò mai a
make the pleasure him but he not himself risked ever to
(what) (pleases him)

confidarle il segreto del suo cuore.
entrust to her the secret of his heart

Voleva — bene — a — sua — madre; — ma — ne — aveva — paura,
He wanted — well — to — his — mother — but — of her — had (was) — fear (afraid)

perché — essa — veniva — da — una — famiglia — d'orchi, — e — il — Re
because — she — came — from — a — family — of Ogres — and — the — King

s'era — indotto — a — sposarla — unicamente — a — cagione — delle — sue
himself was induced (had been) — to — marry her — only — because — of the (of) — her

grandi — ricchezze.
large — riches

Anzi — c'era — in — corte — la — diceria — che — ella — avesse — tutti — gli
Indeed — there was — in — court — the — rumour — that — she — had — all — the

istinti — dell'orco; — e — che, — quando — vedeva — passare — dei
instincts — of the Ogre — and — that — when — she saw — pass — of the ()

ragazzetti, — facesse — sopra — di — sé — degli — sforzi — inauditi — per
children — (she) made — over — of — herself — of — efforts — unheard-of — for

trattenersi — dalla — voglia — di — avventarsi — su — di — essi — e — di
to withhold itself — from the — want (wish) — of — to throw herself — on — of — them () — and — of ()

mangiarseli — vivi — vivi.
to eat them — alive

Ecco — perché — il — Principe — non — volle — mai — dir — nulla — dei
See (See here) — why — the — Prince — not — wanted — ever — to say — nothing (anything) — of

suoi — segreti.
his — secrets

Madre Del Principe

Ma quando il Re morì, e questo accadde due anni
But when the King died and this happened two years

dopo, e che egli diventò il padrone del regno, fece
after and that he became the lord of the kingdom he let

subito bandire pubblicamente il suo matrimonio e andò
immediately announce publicly the his wedding and went
() ()

con grande scialo a prendere la Regina sua moglie al
with great pomp to take the Queen his wife to the

castello. Le fu preparato un solenne ingresso nella
castle Her was prepared a solemn entry into the
(For her)

capitale del Regno, dov'ella entrò in mezzo ai suoi
capital of the Kingdom where she entered in between to the her
()

due figli.
two children

Di lì a poco tempo il Re andò a far la guerra al
From there to little time the King went to make the war to the
[A short time after that] () (to)

Re Cantalabutta, suo vicino. Lasciò la reggenza del
King Cantalabutta his neighbor Left the regency of the
(He left)

Regno alla Regina sua madre, e le raccomandò tanto
Kingdom to the Queen his mother and her recommended so much
[very much

e poi tanto la moglie e i figliuoli suoi.
and then so much the wife and the children his
] (of him)

43 La Madre Del Principe

Si contava che egli dovesse restare alla guerra tutta
One reckoned that he had to remain in the war all

l'estate, che appena fu partito la Regina mandò la
the summer so that as soon as he was gone the Queen sent the

nuora e i suoi ragazzi in una casa in mezzo ai
daughter in law and the her children in a house in (the) middle of the
      ()

boschi, per poter meglio soddisfare le sue orribili
forests for to be able to better satisfy the her horrible
      ()

voglie. Dopo qualche giorno, vi andò essa pure, e
desires After some day there went she also and
      (days)

una tal sera disse al suo capo cuoco: "Domani a
one such evening she said to the her head cook Tomorrow at
      (to)

pranzo voglio mangiare la piccola Aurora."
lunch I want to eat the small Aurora

"Ah, signora!", esclamò il cuoco.
Oh my lady exclaimed the cook

"Voglio così", rispose la Regina; e lo disse col tono
I want thus answered the Queen and it said with the tone

di voce d' un' orchessa, che ha proprio voglia di
of voice of an Ogress that has proper want of

mangiare della carne viva.
to eat of the meat living
      () [fresh meat]

"E la voglio mangiare in salsa piccante."
And her (I) want to eat in sauce spicy

Quel pover' uomo del cuoco, vedendo che con un'
That poor man of the cook seeing that with an
(of a)

orchessa c'era poco da scherzare, prese una grossa
Ogress it was little to joke took a large

coltella e salì su nella camera della piccola Aurora.
knife and went up on into the room of the little Aurora
()

Ella aveva allora quattr'anni appena, e corse saltellando
She had then four years hardly and raced jumping
(was)

e ridendo a gettarglisi al collo e a chiedergli delle
and laughing to throw him herself to the neck and to ask him of the
(around his) ()

chicche.
sweets

Egli si mise a piangere, la coltella gli cascò di mano
He himself put to cry the knife him fell from (the) hand

e andò giù nella corte a sgozzare un agnellino, e lo
and he went down into the court to cut the throat of a little lamb and it

cucinò con una salsa così buona, che la sua padrona
he cooked with a sauce so good that the his mistress
()

ebbe a dire di non aver mai mangiato una cosa
(she) had to say to not to have ever eaten a thing
[something]

così squisita in tempo di vita sua.
so exquisite in time of life her
[in her lifetime]

In quello stesso tempo esso aveva portato via la
In that same time he had carried away the
(At)

piccola Aurora e l'aveva data in custodia alla sua
little Aurora and her had given in guard to the his
(to)

moglie, perché la nascondesse nel quartierino di sua
wife in order that her (she) hid in the small apartment of his

abitazione in fondo al cortile. Otto giorno dopo quella
home in back of the courtyard Eight days after that
(at the)

strega della Regina disse al suo capo cuoco:
witch of the Queen said to the her head cook
(of a) (to)

"Voglio mangiare a cena il piccolo Giorno".
Want — to eat — for — supper — the — small — Giorno
(I want)

Egli non rispose né sì né no, risoluto com'era a
He — not — answered — neither — yes — nor — no, — resolute — as he was — to

farle lo stesso tiro della volta passata.
do her — the — same — trick — of the — time — last

Andò a cercare il piccolo Giorno, e lo trovò con una
He went — to — search — the — small — Giorno, — and — him — found — with — a

spada in mano, che tirava di scherma con una
sword — in — hand, — that — he drew — for — fencing — with — a

grossa scimmia: eppure non aveva più di tre anni. Lo
large — monkey: — nonetheless — not — he had — more — than — three — years. — Him

prese e lo portò alla sua moglie, la quale lo nascose
took — and — him — he carried — to the — his — wife, — who — him — hid
(to)

insieme colla piccola Aurora:
together — with the — small — Aurora

e in luogo del fanciullo, servì in tavola un caprettino
and in place of the boy he served in table a little kid
(at the) (young goat)

di latte, che l'orchessa trovò delizioso.
suckling that the Ogress found delicious

Fin lì le cose erano andate bene; ma una sera la
Until there the things were gone well but one evening the
(had)

malvagia Regina disse al cuoco:
malicious Queen said to the cook

"Voglio mangiare la Regina, cucinata colla stessa salsa
Want to eat the Queen cooked with the same sauce
(I want)

de' suoi figliuoli".
of the her children
(as)

Fu allora che il povero cuoco sentì cascarsi le
It was then that the poor cook he felt himself fall down the

braccia, perché non sapeva proprio come fare a
arms because not he knew just how to do to

ingannarla per la terza volta.
trick her for the third time

La giovane Regina aveva vent'anni suonati, senza
The young Queen had twenty years sounded without
(completed)

contare i cento passati dormendo; e la sua pelle,
to count the hundred passed sleeping and the her skin
()

quantunque sempre bella e bianchissima, era diventata
although always beautiful and very white was become
(still) (had)

un po' tosta: e ora come trovare nello stallino un
a bit tanned and now how to find in the stable an

animale che avesse per l'appunto la pelle tigliosa a
animal that had exactly the skin tough in

quel modo? Per salvare la propria vita, prese la
that way For to save the own life took the
(his)

risoluzione di tagliar la gola alla Regina e salì nella
decision of to cut the throat to Queen and went out into the
() (of) the

camera di lei, col fermo proposito di non dovercisi
room of her with the firm purpose of not have there himself
(have it himself)

rifare due volte. Egli fece di tutto per eccitarsi e per
redo two times He did of all to arouse himself and for
(everything)

andare in bestia, e con un pugnale in mano entrò
to go in beast and with a dagger in hand entered
(to become) () (an animal)

nella camera della giovane Regina:
in the room of the young Queen

ma	non	volendola	prendere	di	sorpresa,	le	raccontò
but	not	wanting her	to take	of	surprise	her	he told

con	grandissimo	rispetto	l'ordine	ricevuto	dalla	Regina
with	greatest	respect	the order	received	from the	Queen

madre.
mother

"Fate	pure,	fate	pure",	ella	gli	disse,	porgendogli	il
Do	also	Do	just	she	him	said	offering him	the
(it)		(it)						

collo;
neck

"eseguite	l'ordine	che	vi	hanno	dato;	io	andrò	così	a
execute	the order	that	(to) you	(they) have	given	I	will go	thus	to

rivedere	i	miei	figli,	i	miei	poveri	figli,	che	ho	tanto
see again	the	my	children	the	my	poor	children	that	I have	so much
	()			()						

amato."
loved

Ella	li	credeva	morti	fin	dal	momento	che	li	aveva
She	them	believed	dead	end	from the	moment	that	them	she had
				()					

veduti	sparire,	senza	saperne	altro.
seen	disappear	without	to know thereof	otherwise

"No,   no,   o   signora",   rispose   il   povero   cuoco,   tutto
No   no   oh   lady   answered   the   poor   cook   all

intenerito,   "voi   non   morirete   nient'affatto: e   non   lascerete
softened   you   not   will die   not indeed   and   not   will let
(indeed not)   (u will fail)

per   questo   di   andare   a   rivedere   i   vostri   figliuoli: ma
for   that   of   to go   to   see again   the   your   children   but
()

li   vedrete   a   casa   mia,   dov'   io   li   ho   nascosti,   e
them   you will see   at   house   mine   where   I   them   have   hidden   and
[at my   house   ]

anche   per   questa   volta   ingannerò   la   Regina,   facendole
also   for   this   time   (1) will fool   the   Queen   making her
()

mangiare   una   giovine   cerva   invece   di   voi."   La
eat   a   young   hind   instead   of   you   Her
(female deer)

condusse   subito   nella   sua   camera,   dove,   lasciandola   che
(he) led   immediately   into the   his   room   where   leaving her   that
(into)

si   sfogasse   a   baciare   le   sue   creature,   e   a   piangere
herself   relieve   to   kiss   the   her   creatures   and   to   cry
()

con   esse,   se   ne   andò   diviato   a   cucinare   una   cerva,
with   them   himself   of it   (he) went   immediately   to   cook   one   hind
()   ()

che   la   Regina   mangiò   per   cena,   col   medesimo   gusto,
that   the   Queen   ate   for   supper   with the   same   taste

come   se   avesse   mangiato   la   giovine   Regina.
as if   would have   eaten   the   young   Queen
(she had)

Ella era molto soddisfatta della sua crudeltà; e già
She was very satisfied of the her cruelty and already
(of)

studiava il modo per dare a intendere al Re, quando
studied the way for to give to understand to the King when

fosse tornato, che i lupi affamati avevano divorato la
was returned that the wolves starved had devoured the
(he would have) [starved wolves]

Regina sua moglie e i suoi ragazzi.Una sera che la
Queen his wife and the her children One evening that the
()

Regina madre, secondo il suo solito, ronzava in punta
Queen mother according to the her habit roamed in tip
() (on the)

di piedi per le corti e per i cortili, a fiutare l'odore
of feet through the courts and through the courtyards to sniff out the smell

della carne cruda, sentì in una stanza terrena il
of the meat raw (she) heard in a room on the ground floor the
(of)

piccolo Giorno che piangeva, perché la sua mamma lo
small Giorno that cried because the his mother him
()

voleva picchiare, a causa che era stato cattivo, e
wanted to beat because that he was been bad and
(had)

sentì nello stesso tempo la piccola Aurora che
heard at the same time the small Aurora that

implorava perdono per il suo fratellino.
begged forgiveness for the her little brother
()

L'orchessa riconobbe la voce della Regina e de' suoi
The ogress recognized the voice of the Queen and of the (of) her

figliuoli, e furibonda d'essere stata ingannata, con una
children and furious of to be (have) been tricked with a

voce spaventevole, che fece tremar tutti, ordinò che la
voice frightening that made tremble all ordered that the

mattina dipoi fosse portata in mezzo alla corte una
morning of then (next) were carried in middle of the court a

gran vasca, e che la vasca fosse riempita di vipere,
large tub and that the tub were filled up with vipers

di rospi, di ramarri e di serpenti per farvi gettar
with toads with lizards and with snakes for to let there throw

dentro la Regina, i figliuoli, il capo cuoco, la moglie
in (it) the Queen the children the head cook the wife

di lui e la sua serva di casa.
of him and the his () servant of house

Ella aveva ordinato che fossero menati tutti colle mani
She had ordered that they were to be led all with the hands

legate di dietro.
tied of behind (on the back)

Essi erano lì, e già i carnefici si preparavano a
They were there and already the executioners themselves prepared to

gettarli nella vasca, quand'ecco che il Re, il quale non
throw them in the tub when see that the King who not

era aspettato così presto di ritorno, entrò nella corte
was expected so soon of return entered in the courtyard
(the)

a cavallo: esso era venuto colla posta, e domandò
on horse he was come with the mail and asked
(horseback) (colla posta; speedily)

tutto stupito che cosa mai volesse dire quell' orrendo
all astonished what thing ever wanted to say this horrible
() [to mean]

spettacolo. Nessuno aveva coraggio di aprir bocca,
spectacle. Nobody had courage of to open mouth

quando l'orchessa, presa da una rabbia indicibile nel
when the ogress taken by an anger inspeakable in the
(at)

vedere quel che vedeva, si gettò da se stessa colla
seeing that what she saw herself (she) threw by herself with the

testa avanti nella vasca, dove in un attimo fu divorata
head ahead in the tub where in a moment she was devoured

da tutte quelle bestiacce, che c'erano state messe
by all those beasts that there were been put
(had)

dentro per suo comando.
in by her command

A ogni modo il Re se ne mostrò addolorato, perché
In every way the King himself of it he showed pained because
[In any case]

in fin dei conti era sua madre: ma trovò la maniera
in (the) end of accounts it was his mother but he found the way

di consolarsene presto colla sua bella moglie e coi
of to console himself of it soon with the his beautiful wife and with
(with)

suoi bambini.
his children

Se questo racconto avesse voglia d'insegnar qualche
If this story had wish to teach some
(would)

cosa, potrebbe insegnare alle fanciulle che chi dorme
thing it could teach to the girls that who sleeps

non piglia pesci né marito.
not captures fish nor husband

La Bella addormentata nel bosco dormì cent' anni, e
The Beauty asleep in the forest slept hundred years and

poi trovò lo sposo: ma il racconto forse è fatto
then found the spouse but the story perhaps is made

apposta per dimostrare alle fanciulle che non sarebbe
on purpose to demonstrate to the girls that not it would be

prudenza imitarne l'esempio.
prudent to imitate of it the example

PUCCETTINO - LA FAMILIA DEGLI TAGLIALEGNI
PUCCETTINO   THE   FAMILY   OF THE   WOODCUTTERS

C'era   una   volta   un   taglialegna   e   una   taglialegna,
There was one   time   a   woodcutter man and   a   woodcutter woman

i quali   avevano   sette   figliuoli,   tutti   maschi: il   maggiore
who   had   seven   small children all   boys   the   eldest

aveva   dieci   anni,   il   minore   sette.
had   ten   years   the   minor   seven
(was)

Farà   forse   caso   di   vedere   come   un   taglialegna   avesse
It will make perhaps case   to   see   how   a   woodcutter   could have

avuto   tanti   figliuoli   in   così   poco   tempo.
had   so many   little children in   so   little   time

Ma   egli   è,   che   la   sua   moglie   era   svelta   nelle   sue
but   it   is   that   the   his   wife   was   successful   in   her
                               ()

cose,   e   quando   ci   si   metteva,   non   faceva   meno   di
things   and   when   them   she   did   not   she made   less   than

due   figliuoli   alla   volta.
two   children   at the   time
                    (at a)

E perché erano molto poveri, i sette ragazzi davano
And because they were very poor the seven boys gave

loro un gran pensiero, per la ragione che nessuno di
them a large thought for the reason that nobody of

essi era in grado di guadagnarsi il pane.
them was able to earn himself the bread

La cosa che maggiormente li tormentava, era che il
The thing that mainly them tormented was that the

minore veniva su delicato e non parlava mai: e
minor came on delicate and not he spoke ever and
(troubled)

questo che era un segno manifesto di bontà del suo
this that was a sign manifesting of goodness of his

carattere, lo scambiavano per un segno di stupidaggine.
character it they exchanged for a sign of stupidity
(confused)

Il ragazzo era minuto di persona; e quando venne al
The boy was very small of person and when he came into the

mondo, non passava la grossezza di un dito pollice;
world not he passed the size of a digit thumb

per cui lo chiamarono Puccettino.
for which him they called Puccettino

Capitò un'annata molto trista, nella quale la carestia fu
(There) Arrived a year very sad in which the hunger was

così grande, che quella povera gente risolvettero di
so great that those poor people decided to

disfarsi de' loro figliuoli.
undo of their children

Una sera che i bambini erano a letto, e che il
One evening that the children were in bed and that the

taglialegna stava nel canto del fuoco, disse, col cuore
woodcutter was in the corner of the fire he said with the heart

che gli si spezzava, alla sua moglie:
that it him broke to (the) his wife

"Come tu vedi, non abbiamo più da dar da mangiare
As you see not we have more to give to eat

ai nostri figliuoli.
to our children

E non mi regge l'animo di vedermeli morir di fame
and not me bear the spirit of to see me them die of hunger

innanzi agli occhi:"
in front to the eyes

"Oramai io sono risoluto a menarli nel bosco e farveli
at this point   I   am   resolute   to   lead them   into the   forest   and   to make them

sperdere; né ci vorrà gran fatica, perché, mentre essi
lost   neither   us   it will want   much   trouble   because   while   they

si baloccheranno a far dei fastelli, noi ce la daremo
themselves will entertain   to   make   (of) the   woodbundles   we   ourselves   them   will give
[show our

a gambe, senza che abbiano tempo di addarsene".
to   legs   without   that   they have   time   to   give themselves of it
heels   ]   (notice it)

"Ah!", gridò la moglie, "e puoi tu aver tanto cuore
Ah   screamed   the   wife   and   can   you   have   so much   heart

da sperdere da te stesso le tue creature?"
to   loose   from   you   you   the   your   creatures
()

Il marito ebbe un bel tornare a battere sulla miseria,
The   husband   had   a   good   turn   to   combat   on the   misery
(solution)

in cui si trovavano; ma la moglie non voleva
in   which   themselves   they found   but   the   wife   not   wanted

acconsentire a nessun patto.
to consent   to   no   compromise

Era   povera,   ma   era   madre: peraltro,   ripensando
She was   poor   but   she was   mother   above all   rethinking

anch'essa   al   dolore   che   avrebbe   provato   se   li   avesse
also she   about the sorrow   that   she would have   experienced   if   them   she had to

veduti   morire   di   fame,   finì   col   rassegnarvisi,   e   andò   a
view   die   of   hunger   she ended with   resign herself to it   and   she went   to

letto   piangendo.
bed   crying

Puccettino   aveva   sentito   tutti   i   loro   discorsi: e   avendo
Puccettino   had   heard   all   the their   talks   and   having
                                                    ()

capito,   dal   letto,   che   ragionavano   di   affari,   si   levò   in
understood   from the bed   that   reasoned   of   affairs   himself he rose   on
                                      [they spoke about   important business]

punta   di   piedi,   sgattaiolando   sotto   lo   sgabello   di   suo
tip   of   feet   slipping   under   the   stool   of   his
         (the)

padre,   per   potere   ascoltare   ogni   cosa   senz'esser   visto.
father   for   to be able   to listen   every   thing   without being   seen

Quindi   ritornò   a   letto,   e   non   chiuse   un   occhio   nel
When   he returned   to   bed   and   not   closed   an   eye   in the

resto   della   nottata,   rimuginando   quello   che   doveva   fare.
rest   of the   night   considering   that   what   he had   to do

Si levò a giorno, e andò sul margine di un ruscello,
Himself he rose in day and went on the banks of a stream
(the)

dove si riempì la tasca di sassolini bianchi: poi chiotto
where he filled up the pocket of pebbles white then quiet

chiotto se ne tornò a casa.
quiet himself of it he returned to house
(the)

Partirono, ma Puccettino non disse nulla ai suoi fratelli
They left but Puccettino not said nothing to his brothers
(the)

di quello che sapeva. Entrarono dentro una foresta
of that what he knew They entered in a forest

foltissima, dove alla distanza di due passi non c'era
very dense where in the distance of two steps not it was

modo di vedersi l'uno coll'altro.
possible of to see oneself the one to the other

Il taglialegna si messe a tagliar legne, e i ragazzi a
The woodcutter himself put to chop wood and the boys to

raccogliere delle frasche per far dei fastelli.
collect of twigs for to make (of) the bundles
(the)

Il padre e la madre, vedendoli intenti al lavoro,
The father and the mother seeing them concentrated on the job

si allontanarono adagio adagio, finché se la svignarono
themselves moved away slowly slowly until themselves they sneaked away
(they moved away)

per un viottolo fuori di mano.
by a track outside of hand
(out) (sight)

Quando i ragazzi si videro soli, si misero a strillare e
When the boys themselves they saw alone themselves took to scream and
(they started)

a piangere forte forte.
to cry strongly strongly
[very loud]

Puccettino li lasciò berciare, essendo sicuro che a ogni
Puccettino them he left to bawl being sure that at every

modo sarebbero tornati a casa; perché egli, strada
way they would be returned to home because he, road

facendo, aveva lasciato cadere lungo la via i sassolini
making, had let fall along the way the pebbles

bianchi che s'era messi nella tasca.
white that himself was put into the pocket
(had)

"Non abbiate paura di nulla, fratelli miei", disse loro,
Not you have fear of nothing brothers of mine he said to them

"il babbo e la mamma ci hanno lasciati qui soli; ma
the father and the mother us they have left here alone but

io vi rimenerò a casa: venitemi dietro."
I you retake to house come you me behind
(the)

Essi infatti lo seguirono, ed egli li menò per la
They in fact him followed and he them lead by the

stessa strada che avevano fatta, andando al bosco.
same road that they had done going to the forest

Da principio non ebbero coraggi d'entrarvi.
At the beginning not they had courage to enter themselves

E si messero in orecchio alla porta di casa per
and themselves they set in ear at the door of house for
(to listen) (the)

sentire quello che dicevano fra loro, il padre e la
to hear that what they said between themselves the father and the

madre.
mother

Ora bisogna sapere che quando il taglialegna e sua
Now you need to know that when the woodcutter and his

moglie rientrarono in casa, trovarono che il signore del
wife they re-entered in house they found that the lord of the
(the)

villaggio aveva mandato loro dieci scudi, di cui era
village had send them ten shields of which he was
(money)

debitore da molto tempo, e sui quali non ci contavano
debtor since a long time and on which not they counted
(owing)

più.
anymore

Questo bastò per rimettere un po' di fiato in corpo a
This was enough to restore a bit of breath in body of
(the)

quella povera gente, che era proprio a tocco e
those poor people that was just up for and
(were)

non tocco per morir di fame.
not up for to die of hunger

Il taglialegna mandò subito la moglie dal macellaro.
The woodcutter sent directly the wife to the butcher

E siccome era molto tempo che non s'erano sfamati,
And since it was a lot time that not themselves they were fed
(had been) (of)

essa comprò tre volte più di carne di quella che ne
that one bought three times more of meat of that what of it
(she)

sarebbe abbisognata per la cena di due persone.
would be needed for the supper of two persons

Quando furono pieni, la moglie disse "Ohimè! dove
When they were full the wife said Oh my where

saranno ora i nostri figliuoli? se fossero qui potrebbero
will be now (the) our little children if they were here they could

farsi tondi coi nostri avanzi! Ma tant'è, Guglielmo, se'
do , make themselves round with our remainders But so William it is
(it) is (has)

stato tu che hai voluto smarrirli: ma io l'ho detto
been you that has intentionally lost them but I it have said

sempre che ce ne saremmo pentiti. Che faranno ora
always that we of it would be sorry What they will do now

nella foresta? Ohimè! Dio mio! i lupi forse a quest'ora
in the forest Oh my God mine the wolves perhaps at this hour

l'hanno bell'e divorati. Proprio non bisogna aver cuore,
them have good and eaten Typically not needing to have heart
(well)

come te, per isperdere i figliuoli a questo modo!" .
like you for to make disappear the children in this way

Il tagliaregna perse la pazienza, perché la moglie tornò
The woodcutter   lost   the patience   because   the wife   came back
                                 ()

a ripetere più di venti volte che egli se ne sarebbe
to repeat   more than twenty times that he himself of it would be

pentito, e che essa l'aveva di già detto e ridetto: e
sorry   and that she   him had of already said and resaid and

minacciò di picchiarla se non si fosse chetata.
he threatened of to hit her if not herself she would shut up

Questo non voleva dire che il tagliaregna non potesse
This   not wanted to say that the woodcutter   not could
            (meant)

essere anche più addolorato della moglie; ma essa lo
be   also more pained   than the wife but her it

tormentava troppo: ed egli somigliava a tanti altri, che
tormented   too much and he resembled (to) many others that

se la dicono molto colle donne che parlano con
themselves it they speak a lot with women that speak with
                              (the)

giudizio, ma non possono soffrire quelle che hanno
reason   but not they can suffer those that have
                                                (are)

sempre ragione.
always right

La   taglialegna   si   struggeva   in   pianti,   e   seguitava
The   woodcutter's wife   herself   broke down   in   crying   and   continued

sempre   a   dire:
the whole time   to   say

"Ohimè!   dove   saranno   ora   i   miei   bambini?   i   miei
Oh my   where   they will be   now   the   my   children   the   my
                                      ()   ()

poveri   bambini?."
poor   children

Una   volta,   fra   le   altre,   lo   disse   così   forte,   che   i
One   time   between   the   others   it   she said   so   loud   that   the

ragazzi,   che   erano   dietro   l'uscio,   la   sentirono   e
boys   that   were   behind   the exit   it   they heard   and

gridarono   tutti   insieme:
yelled   all   together

"Siamo   qui!   siamo   qui!."
We are   here   we are   here

Essa   corse   subito   ad   aprir   l'uscio   e,   abbracciandoli,
She   raced   immediately   to   open   the door   and   embracing them

disse:
said

"Che contentezza a rivedervi, miei cari figliuoli! Chi lo
What happiness to see again you my beloved children Who it

sa come siete stanchi, e che fame avete! e tu,
knows how you are tired and what hunger you have and you

Pieruccio, guarda un po' come ti sei inzaccherato! vien
Pieruccio wait a little how you are muddy come

qua, che ti spillaccheri".
here that you clean

Pieruccio era il maggiore dei figliuoli e la madre gli
Pieruccio was the oldest of the children and the mother him

voleva più bene che agli altri, perché era rosso di
wanted more well than to the others because he was red of
(liked) ()

capelli come lei. Si messero a tavola e mangiarono
hair like her Themselves they set at table and they ate
(the)

con un appetito, che fecero proprio consolazione al
with an appetite that made just consolation to the
(right)

babbo e alla mamma, ai quali raccontarono, parlando
father and to the mother to which they told speaking
(the)

quasi tutti nello stesso tempo, la gran paura che
nearly all at the same time (of) the large fear that

avevano avuta nella foresta.
they had had in the forest.

Quella	buona	gente	era	tutta	contenta	di	rivedere	i
Those	good	people	were	all	content	of	to see again	the

figliuoli	in	casa;	ma	la	contentezza	durò	finché
children	in	house	but	the	contentment	lasted	until

durarono	i	dieci	scudi.
lasted	the	ten	shields (money)

Quando	questi	finirono,	tornarono	al	sicutera	delle
When	these	they ended	they returned	to the	discussion	of the

miserie,	e	allor	decisero	di	smarrirli	daccapo;	e	per
miseries	and	then	they decided	of (to)	lose them	anew	and	for

andare	sul	sicuro,	pensarono	di	condurli	molto	più
to go	on the	sure (safe side)	they thought	of	lead them	a lot	more

lontani	della	prima	volta.	Peraltro	di	questa	cosa	non
far	of the (than)	before	time	On the other hand, however	this	thing	not

poterono	parlarne	con	tanta	segretezza,	che	Puccettino
they could	speak (of it)	with	so much	secrecy	that	Puccettino

non	sentisse	tutto;	il	quale	pensò	di	cavarsene	fuori
not	heard	all	who	thought	of	hiding himself	outside

col	solito	ripiego:
with the	usual	reason

se non che, quantunque si alzasse sul far del giorno
if not that although himself he got up at the making of the day
(breaking)

per andare in cerca di sassolini bianchi, rimase proprio
for to go in search of little stones white he remained just

come quello, e non poté far nulla, perché trovò l'uscio
like that and not he could do nothing because he found the exit

di casa serrato a doppia mandata.
of (the) house locked to double turns
(with)

Egli non sapeva davvero che cosa stillarsi, quando
He not knew truly what thing get himself out when

ecco che la madre dette a ciascuno di loro un
here that the mother gave to everyone of them a

pezzo di pane per colazione. Allora gli venne in capo
piece of bread for breakfast Then him came in head
(to) (mind)

che di quel pane avrebbe potuto servirsene, invece dei
that of that bread he would have been able to use instead of
(it)

sassolini, seminando i minuzzoli lungo la strada per
pebbles seeding the crumbs along the road by

dove sarebbero passati.
where they would be passed

E si messe il pane in tasca.
And himself (he) put the bread in pocket

Il padre e la madre li condussero nel punto più folto
The father and the mother them lead (in) to point more deep
(thick)

e più oscuro della foresta: e quando ci furono arrivati,
and more dark of the forest and when they were arrived
(had)

essi presero una scappatoia e via.
they took a back road and gone

Puccettino non se ne fece né in qua né in là,
Puccettino not himself of it made neither in here neither in there

perché sapeva di poter ritrovare facilmente la strada
because he knew of be able to find again easy the road
(to)

coll'aiuto dei minuzzoli sparsi.
with the help of the crumbs dispensed

Ma figuratevi come rimase, quando si accorse che i
but you how (he) remained when himself (he) noticed that the
(go) figure yourselves

minuzzoli glieli avevano beccati gli uccelli.
crumbs from him them had pecked the birds
(eaten)

Eccoli   dunque   tutti   afflitti,   perché   più   camminavano   e
See them   therefore   all   plagued   because   more   they walked   and

più   si   perdevano   nella   foresta.   Intanto   si   fece   notte   e
more   themselves they lost   in the   forest   While   itself   it made   night   and
                                                                                              (became)

si   alzò   un   vento   da   far   paura.
itself   (it) raised a   wind   from   to make   fear

Pareva   ad   essi   di   sentire   da   tutte   le   parti   urli   di
It seemed   to   them   of   to hear   from   all   the   sides   howls   of

lupi,   che   si   avvicinavano   per   mangiarli.   Non   avevano
wolves   that   them   approached   for   to eat them   Not   they had

fiato   né   per   discorrere,   né   per   voltarsi   indietro.
breath   neither   for   to talk   neither   for   to turn themselves   back

Venne   poi   una   grand'acqua   che   li   bagnò   fin   sotto   la
Came   then   a   rainstorm   that   them   (it) bathed until   under   the

pelle: a   ogni   passo   sdrucciolavano   e   cascavano   nella
skin   at   every   step   (they) slipped   and   (they) fell   in the

mota: e   quando   si   rizzavano   tutti   infangati,   non
mud   and   when   themselves   they got up   all   muddied   not

sapevano   dove   mettersi   le   mani.
they knew   where   to put themselves   the   hands

Puccettino	montò	in	cima	a	un	albero	per	vedere	se
Puccettino	climbed	in (to)	(the) top (of)	to	a	tree	to	see	if

scuopriva	paese;	e	guardando	da	ogni	parte,	vide	un
(he) could discover	(open) land	and	watching	to	every	side	(he) saw	a

lumicino	piccino,	come	quello	di	una	candela,	il	quale
little light	small	like	that	of	a	candle	that	which

era	lontano	lontano,	molto	al	di	là	della	foresta.
was	far	far	very	from	of	there	of the	forest

Scese	dall'albero:	e	quando	fu	in	terra,	non	vide	più
Descended (He descended)	from the tree	and	when	was (he was)	on	(the) ground	not	saw (he saw)	anymore

nulla.	Questa	cosa	gli	diede	un	gran	dolore.
nothing	This	thing	him	it gave	a	large	pain

Nonostante,	camminando	innanzi	coi	suoi	fratelli,	verso
nonetheless	walking	in front of	(with the)	his	brothers	towards

quella	parte	dove	aveva	veduto	il	lumicino,	finì	col
that	side (direction)	where	he had	seen	the	little light	he ended	with

rivederlo	da capo	mentre	usciva	fuori	del	bosco.
seeing it again	from the start (anew, again)	while	he exited	out (side)	of the	forest

Arrivarono finalmente alla casa dove si vedeva questo
They arrived finally to the house where there was visible this

lume...
light

PUCCETTINO - IL ORCO
PUCCETTINO THE OGRE

Gli ragazzi arrivarono finalmente alla casa dove
The boys arrived finally at the house where

si vedeva questo lume: non senza provare delle grandi
themselves saw this light not without experience of the great
(they saw) (experiencing) ()

strette al cuore, perché di tanto in tanto lo perdevano
tightenings to the heart because now and then it they lost
(stresses)

di vista, segnatamente quando camminavano in qualche
from sight especially when they walked in some

pianura molto bassa.
area very low

Picchiarono a una porta: una buona donna venne loro
They knocked on a door a good woman came (to) them

ad aprire, e domandò loro che cosa volevano.
to open and asked them what thing they wanted

Puccettino disse che erano poveri ragazzi che s'erano
Puccettino said that they were poor boys that themselves were
(were)

spersi nella foresta, e che chiedevano da dormire per
lost themselves in the forest and that asked to sleep for
(lost)

amor d'Iddio.
(the) love of god

La donna, vedendoli tutti così carini, si messe a
The woman seeing them all so dear herself started to

piangere, e disse:
cry and said

"Ohimè! poveri miei figliuoli, dove siete mai capitati?
Oh my poor my children where you are ever turned up
(have)

Ma non sapete che questa è la casa dell'Orco che
But not you know that this is the house of the Ogre that

mangia tutti i bambini?."
eats all the children

"Ah, signora", rispose Puccettino, il quale tremava come
Ah lady answered Puccettino who shook like

una foglia, e così i suoi fratelli. "Che cosa volete
a leaf and so also his brothers What thing you want

che facciamo? Se non ci pigliate in casa, è sicuro
that we do If not us you take in the house it is sure

che i lupi stanotte ci mangeranno. E in tal caso, è
that the wolves tonight us they will eat And in such case it is

meglio che ci mangi questo signore."
better that us eats this gentleman

"Forse se voi lo pregate, potrebbe darsi che avesse
Perhaps if you to him begged it could give itself that it had
(be)

compassione di noi."
compassion of us

La moglie dell'Orco, sperando di poterli nascondere a
The wife of the ogre hoping to be able them to hide from

suo marito fino alla mattina dopo, li lasciò entrare e
its husband until to the morning then them let enter and

li menò a riscaldarsi intorno a un buon fuoco, dove
them took to warm themselves around of a good fire where

girava sullo spiede un montone tutt'intero, che doveva
turned on the spit a sheep whole that had to
(would)

servire per la cena dell'Orco.
serve for the supper of the Ogre
(as) ()

Mentre cominciavano a riscaldarsi, sentirono battere tre
While they began to to warm itself they heard striking three

o quattro colpi screanzati alla porta. Era l'Orco che
or four blows rude on the door It was the Ogre that

tornava.
returned

In men d'un baleno, la moglie li nascose tutti sotto il
In less than a flash the wife them hid all under the

letto ed andò ad aprire.
bed and went to open

L'Orco domandò subito se la cena era lesta e il
The Ogre asked immediately if the supper was ready and the

vino levato di cantina: e senza perder tempo si mise
wine taken from (the) wine cellar and without losing time itself set

a tavola. Il montone non era ancora cotto e faceva
at (the) table The sheep not was still cooked and it made

sempre sangue, e per questo gli parve anche più
always blood and for this him it seemed also more
(still)

buono. Poi, fiutando di qua e di là, cominciò a dire
good Then sniffing of here and of there it began to to say

che sentiva odore di carne viva. "Sarà forse", disse la
that it smelled (the) smell of flesh living It would be perhaps said the

moglie, "quel vitello che ho spellato or ora, che vi
wife that year-old calf that I have skinned about an hour ago that you

mette per il naso quest'odore."
puts in the nose this smell

"E io dico che sento l'odore di carne viva", riprese
And I say that I smell the smell of meat living repeated

l'Orco guardando la moglie di traverso, "e qui ci deve
the Ogre watching the wife from the side and here there must

essere qualche sotterfugio!"
be some fugitive

Nel dir così si alzò da tavola e andò difilato verso
In the saying thus itself it raised from (the) table and it went straightaway towards
(While)

il letto. "Ah!", egli gridò, "tu volevi dunque ingannarmi,
the bed Ah he screamed you wanted also to trick to me

brutta strega? Non so chi mi tenga dal fare un
ugly witch Not I know (anyone) whome holds from to make a
(making)

boccone anche di te. Buon per te, che sei vecchia
mouthful also of you Good for you that (you) are old

e tigliosa! Ecco qui della selvaggina, che mi capita in
and stringy See here of the game that (to) me happens, falls in
(hunting prey)

buon punto per far trattamento a tre Orchi miei amici,
good point for to make (a) treatment to three Ogres my friends
(time) (for)

che verranno da me in questi giorni."
that will come to me in these days

E li tirò fuori di sotto il letto, uno dietro l'altro.
And them it pulled out from under the bed one behind the other

Quei poveri bambini si buttarono in ginocchio, piangendo
Those poor children themselves throwed in knee crying
(on) (the knees)

e chiedendogli perdono.
and begging him mercy

Ma avevano da fare col più crudele di tutti gli Orchi,
but they had to deal with (the) most cruel of all the Ogres

il quale, facendo finta di sentirne compassione, li
the which making feint of to feel some compassion them
(who)

mangiava di già cogli occhi prima del tempo, e
ate already with the eyes before of the time and

dicendo alla moglie che sarebbero stati una pietanza
saying to the wife that they would have been a course

delicata, in specie se gli avesse accomodati con una
delicate in especially if it he had accomodated with a

buona salsa.
good sauce

Andò a prendere un coltellaccio, e avvicinandosi a quei
He went to take a big knife (cook's knife) and approaching himself to those

poveri figliuoli, lo affilava sopra una lunga pietra che
poor children it he sharpened over a long stone that

egli teneva nella mano sinistra.
he held in the hand left

E ne aveva già agguantato uno, quando la moglie gli
And of them he had already took hold of one when the wife him

disse:
said

"Che ne volete voi fare a quest'ora?"
What of them want you to make at this hour

"Non sarebbe meglio aspettare a domani?."
Not it would be better to wait until tomorrow

"Chetati, te!", riprese l'Orco. "Così saranno più frolli."
Shut up yourself you answered the Ogre Like this they will be more high
(ripened meat by the morning)

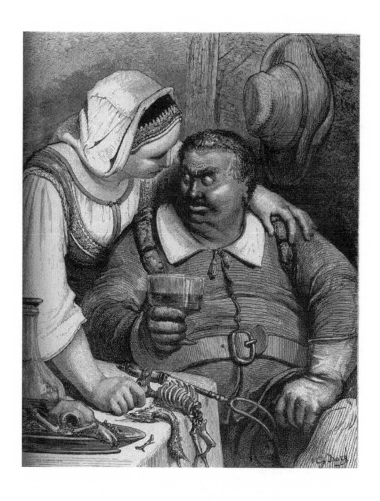

"Ma ve ne avanza ancora tanta della carne!" disse la
But look of it is left over still a lot of meat said the

moglie dell'Orco, "C'è qui un vitello, un montone e un
wife of the Ogre There is here a year-old calf a sheep and a

mezzo maiale."
half pig

"Hai ragione", disse l'Orco. "Rimpinzali dunque per bene,
You have reason said the Ogre stuff them therefore (for) well
(are) (right)

perché non abbiano a smagrire, e portali a letto."
because not they have to starve and bring them to bed

Quella buona donna, fuor di sé dalla contentezza, dette
That good woman outside of herself of the satisfaction gave

loro da cena.
them to supper

Ma essi non poterono mangiare a cagione della gran
but they not could eat by cause of the large

paura che avevano addosso.
fear that they had over them

In quanto all'Orco, ricominciò a bere, soddisfattissimo di
In so much to the Ogre he recommenced to drink most satisfied of

aver trovato di che regalare ai suoi amici. Vuotò una
to have found of what to give to his friends He emptied a

dozzina di bicchieri di più del solito, finché il vino gli
dozen of glasses of more of (the) usual until the wine him

die' al capo e fu obbligato ad andare a letto.
gave to the head and he was obliged to go to bed
(went)

L'Orco aveva sette figliuole, che erano sempre bambine,
The Ogre had seven children that were still children

le quali erano tutte di un bel colorito, perché, come il
which were all of a beautiful colour because, like the

padre, si cibavano di carne cruda; ma avevano degli
father themselves they fed of meat raw but they had of the

occhiettini grigi e tondi, e il naso a punta e una
little eyes gray and round, and the nose pointed and a

bocca larghissima, con una rastrelliera di denti lunghi,
mouth very wide with a rack of teeth long

affilati e staccati l'uno dall'altro.
sharp and stacked (the) one from the other

Non	erano	ancora	diventate	cattive:	ma	promettevano
Not	they were	still (already)	become	bad	but	they promised

bene,	perché	di	già	mordevano	i	fanciulli	per	succhiare
well	because	of	already	they bit	the	children	for	to suck

il	sangue.
the	blood

Le	avevano	mandate	a	dormire	di	buon'ora,	ed	erano
Them	they had	sent	to	sleep	at	good hour (early)	and	they were

tutte	e	sette	in	un	gran	letto,	ciascuna	con	una
all	and	seven	in	a	large	bed	every one	with	a

corona	d'oro	sulla	testa.
crown	of gold	on the	head

Nella	stessa	camera	c'era	un	altro	letto	della	medesima
In the	same	room	there was	an	other	bed	of the	same

grandezza.	Fu	appunto	in	questo	letto	che	la	moglie
size	It was	exactly	in	this	bed	that	the	wife

dell'Orco	messe	a	dormire	i	sette	ragazzi;	e	dopo
of the Ogre	put	to	sleep	the	seven	boys	and	after (that)

andò	a	coricarsi	accanto	a	suo	marito.
she went	to	go to bed	next	to	her	husband

Puccettino,   che   s'era   avviso   che   le   figlie   dell'Orco
Puccettino   that   himself was   advised   that   the   daughters   of the Ogre
                    (had)   (found out)

portavano   una   corona   d'oro   in   capo,   e   che   aveva
carried   a   crown   of gold   on   (the) head   and   that   had

sempre   paura   che   l'Orco   non   si   ripentisse   di   averli
always   fear   that   the Ogre   not   himself   rethought   of   to have them
                                (would reconsider)

sgozzati   subito,   si   levò   verso   mezzanotte,   e   prendendo
cut the throat   immediately   himself   got up   towards   midnight   and   taking

i   berretti   dei   fratelli   ed   il   suo,   andò   pian   pianino   a
the   caps   of the   brothers   and   that   of him   he went   slow   very slowly   to

metterli   sul   capo   delle   sette   figlie   dell'Orco,   dopo   aver
put them   on the   head   of the   seven   daughters   of the Ogre   after   to have

loro   levata   la   corona   d'oro,   che   pose   sul   capo   suo   e
(from) them   lifted off   the   crown   of gold   which   he placed   on the   head   of himself   and

de'   suoi   fratelli,   perché   l'Orco   li   scambiasse   per   le
of   his   siblings   so that   the Ogre   them   exchanged   for   the
                                (would exchange)

proprie   figlie,   e   pigliasse   le   sue   figlie   per   i   fanciulli
his own   daughters   and   grabbed   the   his   daughters   as   the   children
                    (would grab)   (own)

che   voleva   sgozzare.
that   he wanted   to cut the throat

E   la   cosa   andò   appuntino   com'egli   se   l'era   figurata;
And   the   thing   went   exactly   as he   himself   it was   figured
                                                          (had)

perché   l'Orco,   svegliatosi   sulla   mezzanotte,   si   pentì   di
because   the Ogre   woke up   at the   midnight   himself   repented   of
                                    (at)

aver   differito   al   giorno   dopo   quello   che   poteva   aver
having   deferred   to the   day   next   that   what   he could   have

fatto   la   sera   stessa.
done   the   evening   same

Saltò   dunque   il   letto   bruscamente,   e   prendendo   il
He jumped   therefore   the   bed   abruptly   and   taking   the
(from)

coltellaccio:
big knife
(cook's knife)

"Andiamo   un   po'   a   vedere",   disse,   "come   stanno
We go   a   bit   to   see   he said   how   they are

queste   birbe;   e   facciamola   finita   una   volta   per   tutte".
these   rascals   and   we make them   end   one   turn   for   all
                                            [once and   for all   ]

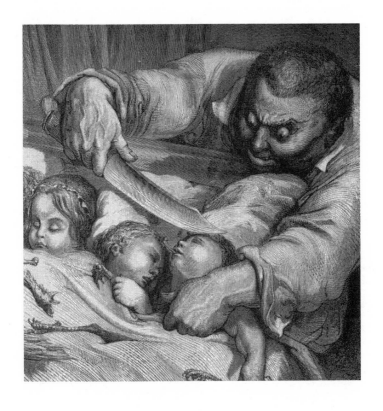

Quindi salì a tastoni nella camera delle sue figlie, e
Therefore he went out by touch into the room of his daughters and
(groping one's way)

si avvicinò al letto dove erano i ragazzi, i quali
himself approached to the bed where were the boys and who
(he approached) (the)

dormivano tutti, meno Puccettino, che ebbe una gran
slept all less Puccettino that had a great

paura quando sentì l'Orco che gli tastava la testa,
fear when he felt the Ogre that him felt the head

come l'aveva già tastata ai suoi fratelli.
like he had already felt of the his brothers
(of)

L'Orco sentendo la corona d'oro, disse: "Ora la facevo
The Ogre feeling the crown of gold said Now it I made

bella davvero! Si vede proprio che ieri sera ne ho
beautiful indeed Itself it sees true that yesterday evening of it I have
(is)

bevuto mezzo dito di più."
drunk half (a) finger too much

Allora andò all'altro letto, e avendo sentito i berretti
Then he went to the other bed and having felt the caps

dei ragazzi:
of the boys

"Eccoli", disse, "questi monellacci! Lavoriamo di fine."
See here them he said these little imps Let's finally
(get to) work

E nel dir così, senza esitare, tagliò la gola alle sue
And in the saying so without hesitating cut the throat of the his
(while) (of)

sette figliuole.
seven little daughters

Contentissimo del fatto suo, andò di nuovo a coricarsi
Content of the deed his he went again to go to bed

accanto alla moglie. Appena che Puccettino sentì l'Orco
next to the wife As soon as Puccettino heard the Ogre

che russava, svegliò i suoi fratelli e disse loro di
that snored he woke up the his brothers and told them to

vestirsi subito e di seguirlo.
dress themselves immediately and to follow him

Scesero in punta di piedi nel giardino e scavalcarono
They went down on (the) tip of the feet into the garden and clambered over

il muro.
the wall

Corsero a gambe quasi tutta la notte, tremando come
They ran on legs nearly all the night shaking like
(very fast)

foglie, e senza sapere dove andavano.
leaves and without knowing where they went

Quando l'Orco si svegliò, disse alla moglie:
When the Ogre himself woke up he said to the wife

"Va' un po' a vestire quei monelli di ieri sera".
Go a bit to dress those rascals of yesterday evening

L'Orchessa restò molto meravigliata della bontà insolita
The Ogress remained very amazed of the goodness unusual

di suo marito, e non le passò neanche dalla mente
of her husband, and not it passed neither through the mind

che per vestirli egli volesse intendere un'altra cosa,
that with to dress them he wanted to understand another thing
(say)

credendo in buona fede di doverli andare a vestire.
believing in good faith of to have them to go to dress

Salì dunque di sopra, e rimase senza fiato in corpo,
She got out therefore upstairs and remained without breath in body

vedendo le sue sette figliuole scannate e immerse nel
seeing the her seven children the throat cut and bathing in the (in)

proprio sangue. Cominciò subito dallo svenirsi, essendo
their own blood She began immediately of the (to) pass out herself (to faint) being

questo il primo espediente, a cui in simili casi
this the first remedy to which in similar cases

ricorrono tutte le donne. L'Orco, temendo che la moglie
resort all the women The Ogre fearing that the wife

non mettesse troppo tempo a far quello che le aveva
not put too much time to do that what her he had

ordinato, salì di sopra anche lui per darle una mano;
ordered went out to upstairs also he for to give her a hand

e non rimase meno sconcertato alla vista di quello
and not he remained less abashed at the sight of that

spettacolo orrendo. "Ah! che ho mai fatto?", gridò. "Ma
sight horrendous Ah what I have ever done he screamed But

quei disgraziati me la pagheranno, e subito!"
those wretches me it will pay and immediately

E senza mettere tempo in mezzo, gettò una brocca
And without to put time in half he threw a jug
(putting)

d'acqua sul naso della moglie, e così avendola fatta
of water on the nose of the wife and so having her made

tornare in sé: "Dammi subito", disse, "i miei stivali di
to return in herself Give to me immediately he said the my boots of
(to)

sette chilometri, perché io li voglio raggiungere". E uscì
seven kilometers because I them want to catch up And he exited
(overtake)

fuori all'aperta campagna, e dopo aver corso di qua e
outside into the open land and after to have ran to here and
(having)

di là, finalmente infilò la strada che battevano
to there finally crossed the road that had hit

per l'appunto quei poveri ragazzi, che erano forse
precisely those poor boys that were perhaps

distanti non più di cento passi dalla casa paterna.
distant not more than hundred steps from the house paternal

Essi videro l'Orco che passava di montagna in
They saw the Ogre that passed from mountain in
(to)

montagna, traversando i fiumi colla stessa facilità come
mountain crossing the rivers with the same ease as

se fossero stati rigagnoli.
if they were been gullies
(had)

Puccettino avendo occhiata una roccia incavata, lì vicino
Puccettino having eyed (seen) a cliff hollowed out (overhanging) there close

al luogo dove si trovavano, vi fece nascondere i sei
to the place where themselves they found there made to hide the six

fratelli, e vi si nascose anch'esso, senza perdere
brothers and there himself he hid also that one (he) without to lose

peraltro di vista tutte le mosse dell'Orco.
however of sight all the movements of the Ogre

L'Orco che cominciava a sentirsi rifinito dalla strada
The Ogre that (who) began to feel himself finished off from the road

fatta (perché gli stivali di sette chilometri son molto
made (taken) because the boots of seven kilometers are very

faticosi per chi li porta), pensò di ripigliar fiato, e il
laborious for who them it wears thought of catch (one's) breath and the ()

cielo volle che andasse per l'appunto a sedersi sopra
heaven wanted that he went exactly to seat himself on

la roccia, dove quei ragazzi si erano nascosti.
the cliff where those boys themselves were hidden

E siccome era stanco morto, dopo essersi sdraiato si
And since he was dead tired after being laid down himself
(having) himself ()

addormentò, e si messe a russare con tanto fracasso,
fell asleep and himself put to snore with so much noise
() (started)

che i poveri ragazzi ebbero la stessa paura di
that the poor boys had the same fear as

quando lo videro col coltellaccio in mano, in atto di
when him they saw with the big knife in (the) hand in act of
(the act)

far loro la festa.
to make of them the feast

Ma Puccettino non ebbe tutta questa paura, e disse
But Puccettino not had (at) all this fear and said

ai fratelli di scappare a gambe verso casa, mentre
to the siblings to escape on legs towards home while
[very fast]

l'Orco dormiva come un ghiro; e di non stare in
the Ogre slept like a dormouse and of not to be in
(species of mouse) [afraid

pena per lui.
pain for him
of]

Essi non se lo fecero dir due volte, e in pochi
They not themselves it made say two times and in a few
(let)

minuti arrivarono a casa.
minutes they arrived at home

Puccettino intanto si avvicinò all'Orco: gli levò adagino
Puccettino meanwhile himself approached to the Ogre him took carefully

gli stivali, e se l'infilò per sé.
the boots and itself them took for himself

Questi stivali erano molto grandi e molto larghi, ma
These boots they were very large and very wide but

perché eran fatati, avevano la virtù d'ingrandirsi e di
because they were magical they had the virtue of enlarge themselves and of

rimpicciolirsi, secondo la gamba di chi li calzava:
to shrink themselves according to the leg of who them wore

Per cui, gli tornavano precisi, come se fossero stati
For which they turned exactly like if they were been
(had)

fatti per il suo piede.
made for the his feet
()

Eglì andò di carriera alla casa dell'Orco, dove trovò la
He went of the route to the house of the Ogre where he found the
()

moglie che piangeva per le figlie uccise.
wife that cried for her daughters killed

"Vostro marito", le disse Puccettino, "si trova in un
Your husband her said Puccettino himself he finds in a

gran pericolo:"
large danger

"È cascato fra le mani di una banda di assassini,
He is fallen in the hands of a band of murderers
(has)

che hanno giurato di ucciderlo, se non consegna loro
that have sworn to kill him if not you consign (to) them
(hand over)

tutto il suo oro e il suo argento."
all the his gold and the his silver
()   ()

"Mentre gli stavano col pugnale alla gola, esso mi ha
While him they were with the dagger to the throat that one (he) me has

visto, e mi ha pregato di venir qui per avvertirvi
seen and me has prayed (begged) to come here to warn you

della sua trista condizione e per invitarvi a darmi tutto
of the (of) his sad condition (predicament) and to invite you to give to me all

quello che egli possiede di prezioso, senza ritenervi
that what he possesses of value, worth without retain yourself

nulla, perché caso diverso, lo uccideranno senz'ombra di
nothing because (in) case different him they will kill without shadow of

misericordia."
mercy

"E siccome il tempo stringe, egli ha voluto che
And since the time tightens (is pressing) he has wanted that

prendessi i suoi stivali di sette chilometri, come vedete,
I took the () his boots of seven kilometers like you see

e non solo perché mi spicciassi, ma anche perché
and not only for that me I hurry myself but also because

possiate accertarvi che non sono un imbroglione."
you can ascertain that not I am an imposter

La buona donna, tutta spaventata, gli diede ogni cosa
The good woman all scared him she gave every thing

che aveva; perché l'Orco, in fin dei conti, era un
that she had because the Ogre in end of counts was a
[on balance]

buon marito, quantunque fosse ghiotto di bambini.
good husband although he was crazy about children

Puccettino, col carico addosso di tutte le ricchezze
Puccettino with the weight on the back of all the riches

dell'Orco, tornò a casa del padre, dove fu accolto con
of the Ogre returned to (the) house of the father where he was received with

grandissima festa.
greatest festivity

C'è per altro della gente che non crede che la cosa
There is for other of the people that not believe that the thing
[There are also people]

finisse così; e pretendono che Puccettino non
ended like that and they pretend that Puccettino not

commettesse mai questo furto a danno dell'Orco:
committed ever this theft to (the) detriment of the Ogre

e che solo non si facesse scrupolo di prendergli gli
and that only not himself made scruple of taking (from) him the

stivali di sette chilometri, perché egli se ne serviva
boots of seven kilometers, because he himself of them served

unicamente per dare la caccia ai ragazzi. Questi tali
only for to give the hunting to the boys. These such

accertano di aver saputo la verità proprio sul posto,
certify of to have known the truth real in the place (itself)

per essersi trovati a mangiare e bere nella stessa
for being themselves found to eat and drink in the same

casa del taglialegna. Raccontano, dunque, che quando
house of the woodcutter. They tell, therefore, that when

Puccettino ebbe infilato gli stivali dell'Orco, se ne andò
Puccettino had taken the boots of the Ogre, himself of (with) them he went

alla Corte, dove stavano tutti in gran pensiero per
to Court, where they were all in large thought for

un'armata, che era in campagna alla distanza di
an army, that was in countryside at the distance of

duecento chilometri, e per l'esito di una battaglia data
two hundred kilometers, and for the success of a battle given

pochi giorni avanti.
few days before

Dimodoché — Puccettino — andò — a — trovare — il — Re — e — gli
Of-means-that — Puccettino — went — to — find — the — King — and — him
(Di modo che; So that)

disse — che — se — lo — desiderava — avrebbe — potuto — portargli — le
he said — that — if — it — he wished — he would have — been able — carry him — the

notizie — dell'armata, — prima — del — calar — del — sole. — E — il — Re
news — of the army — before — of the — going down — of the — sun — And — the — King

gli — promise — una — grossa — somma, — se — egli — fosse — stato — da
him — promised — a — large — sum — if — he — would — be capable — of

tanto. — La — sera — stessa — Puccettino — ritornò — colle — notizie
so much — The — evening — same — Puccettino — returned — with the — news

dell'armata; — e — questa — prima — corsa — avendolo — messo — in
of the army — and — this — first — run — having it — put — in
— — — — — — (done)

buona — vista, — guadagnava — quel — che — voleva; — perché — il — Re
good — sight — earned — what — that — he wanted — because — the — King
— — — (ever)

lo — pagava — profumatamente, — valendosi — di — lui — per — portare
him — he paid — fragrantly — making use — of — him — for — to carry
— — (very good)

i — suoi — ordini — al — campo; — e — un'infinità — di — signore — gli
the — his — orders — to the — (battle)field — and — an infinity — of — ladies — him
()

davano — quel — che — chiedeva, — per — aver — le — nuove — dei — loro
gave — that — what — he asked — for — to have — the — news — of the — their
— — — — — — — — (of)

amanti; — e — questo — fu — il — guadagno — più — concludente — di
lovers — and — this — was — the — gain — more — concluding — of

tutti — gli — altri.
all — the — others

Ci furono anche alcune mogli che gli consegnarono
There were also some wives that him consigned (entrusted)

delle lettere per i loro mariti; ma esse pagavano coi
(of) the letters for the () their husbands but these paid with the

gomiti, e il profitto era così meschino, che egli non
elbows and the profit was so petty that he not

si degnò nemmeno di segnare nel libro degli utili i
himself he deigned not even of to mark in the book of profits the

piccoli benefizi che gli pervenivano per questo titolo.
small benefices that him they reached for this deed

Dopo aver fatto per qualche tempo il mestiere del
After having done for some time the trade of

corriere, e avere ammassato grandi ricchezze, ritornò
courier and to have amassed large riches he returned

alla casa di suo padre, dove non è possibile
to the house of his father where not it is possible

immaginarsi la festa che gli fecero nel rivederlo fra loro.
to imagine oneself the festivity that they made in the seeing again him between them

Egli messe la sua famiglia nell'agiatezza; comprò
He put the his family in the affluence bought
()

degl'impieghi, di recente fondazione, per il padre e per
(of the) investments of recent foundation for the father and for

i fratelli: formò a tutti uno stato conveniente; e gli
the siblings formed for all a status convenient and (to) them
(rank)

rimase sempre un ritaglio di tempo, tanto da fare il
remained always a bit of time enough to make the
(play)

damerino colle signore.
dandy with the ladies

La storia di questo piccolo eroe, che i francesi
The history of this small hero that the French

chiamano Petit Poucet, perché era grande appena come
call Petit Poucet because he was large almost as
(little) (thumb)

il dito pollice, è stata forse inventata apposta per dar
a finger thumb is been perhaps invented on purpose for to give
() (has)

ragione e autorità a quell'antico proverbio che dice: "Gli
reason and authority to that ancient proverb that says The

uomini non si misurano a canne!."
men not they measure to sticks
(are measured) (with)

PELLE D'ASINO - IL RE
HIDE   OF DONKEY   THE KING
(OF THE DONKEY)

C'era   una   volta   un   Re   così   potente,   così   ben   voluto
There was one   time   a   King   so   powerful   so   good   willed
(much) (loved)

da'   suoi   popoli   e   così   rispettato   dai   suoi   vicini   e
by   his   people   and   so   respected   by the   his   neighbors   and
(by)

alleati,   che   poteva   dirsi   il   più   felice   di   tutti   i
allies   that   (he) could   call himself   the   most   happy   of   all   the

monarchi   della   terra.   Fra   le   sue   tante   fortune,   c'era
monarchs   of the   earth   Between   the   his   many   fortunes   there was
()

anche   quella   di   avere   scelta   per   compagna   una
also   that one   of   to have   chosen   as   companion   a

Principessa,   bella   quanto   virtuosa.   E   questi   avventurati
Princess   beautiful   as much as   virtuous   And   these   advantaged

sposi   vivevano   come   due   anime   in   un   nocciolo.   Dal
spouses   lived   like   two   spirits   in   a   nut   From the
(From)

loro   casto   imeneo   era   nata   una   figlia,   ornata   di   tutte
their   chaste   nuptials   was   born   a   daughter   adorned   of   all

le   grazie   e   di   tutte   le   attrattive,   a   segno   tale   da
the   graces   and   of   all   the   attractions   to   mark   such   to

non   far   loro   desiderare   una   figliuolanza   più   numerosa.
not   to make   them   wish   an   offspring   more   numerous

Il   lusso,   l'   abbondanza,   il   buon   gusto   regnavano   nel
The   luxury   the   abundance   the   good   taste   reigned   in the
()   ()   ()   (in)

loro   palazzo: i   ministri   erano   saggi   e   capaci: i
their   palace   the ministers   were   wise   and able   the

cortigiani   virtuosi   e   affezionati: i   domestici   fidati   e
courtiers   virtuous   and affectionate   the domestic servants   faithful   and

laboriosi: le   scuderie   vaste   e   piene   de'   più   bei   cavalli
hard working the   stables   immense and full   of   most   beautiful horses

del   mondo,   tutti   coperti   di   magnifiche   gualdrappe.
of the world   all   covered   of   magnificent   caparisons
                                      (with)

Ma   la   cosa   che   faceva   maggiormente   stupire   i
But   the   thing   that   made   most   astonish   the

forestieri,   che   venivano   a   visitare   quelle   belle   scuderie,
foreigners   that   came   to   visit   those   beautiful stables

era   che   nel   bel   mezzo   di   esse   e   nel   luogo   più
was   that   in the beautiful part of   it   and in the place   most

vistoso,   un   signor   Somaro   faceva   sfoggio   delle   sue
showy   a   sir   Somaro   made   display   of the   his
                                                           (of)

grandi   e   lunghe   orecchie.
large   and long   ears

Né si può dire che questo fosse un capriccio;
Neither one can say that this was a whim

se il Re gli aveva assegnato un posto particolare e
when the King him had assigned a place particular and
(since)

quasi d' onore, c'era la sua ragione. Perché bisogna
nearly of honor there was the his reason Because (you) must
()

sapere che questo raro animale meritava davvero ogni
know that this rare animal deserved indeed every

riguardo, a motivo che la natura lo aveva formato in
care for (the) reason that the nature him had formed in
()

un modo così straordinario e singolare, che tutte le
a way so extraordinary and singular that all the

mattine la sua lettiera, invece di essere sporca, era
mornings the his stable box instead of to be dirty it was
() (being)

ricoperta a profusione di bellissimi zecchini e napoleoni
covered to profusion with very beautiful kind of coin and kind of coin
(zecchini) (napoleoni)

d' oro, che venivano raccattati, appena egli si svegliava.
of gold that came collected as soon as he woke up
(to be)

Ma — But
siccome — since
le — the ()
disgrazie — misfortunes
sono — are
tegoli — shingles (roof tiles)
che — that
cascano — fall
sul — on the

capo — head
dei — of the Kings (of)
Re — of The Kings
come — (just) like
su — on
quello — that
dei — of the
sudditi, — subjects
e — and
non — not
c'è — there is

allegrezza — joy
senza — without
che — that
ci — in it
sia — is
mescolato — mixed
qualche — some

dispiacere, — displeasure
così — therefore
accadde — (it) happened
che — that
la — the
Regina — Queen
fu — was
colta — taken

all'improvviso — at the improvisation (suddenly, without warning)
da — of
una — a
fiera — beastly
malattia, — disease
per — for
la — the ()
quale — which
né — neither
la — the ()

scienza — science
né — nor
i — the
medici — doctors
sapevano — knew
suggerire — to suggest
rimedio — remedy
di — of

sorta. — (any) sort
La — The
desolazione — despair
era — was
al colmo. — to the top (at its heigth)
Il — The
Re, — King
tenero — soft
di — of

cuore — heart
e — and
innamoratissimo, — most in love
a dispetto — in defiance (contradicting)
del — of the
proverbio — proverb (saying)
che — that

dice — says (goes)
"Il — The ()
matrimonio — marriage
è — is
la — the
tomba — tomb
dell'amore", — of the love (of love)
si — himself
dava — gave

alla — to
disperazione — desperation
e — and
faceva — made
voti — pilgrimage
ardentissimi — most ardent
a — to
tutte — all
le — the

divinità — divinity (holy places)
del — of the
regno, — reign
e — and
offriva — offered
la — the ()
sua — his
vita — life
per — for
quella — that
di — of

una — a
sposa — spouse
così — so (much)
adorata: — adored

ma gli Dei e le fate erano sordi a ogni preghiera.
but the Gods and the fairies were deaf to every prayer

Intanto la Regina, sentendo avvicinarsi l' ultim' ora,
Meanwhile the Queen feeling to approach the last hour
(approaching) herself

disse al suo sposo, il quale struggevasi in pianto:
said to her spouse who pined away in tears

"Prima di morire, non vi abbiate a male se esigo da
Before of to die not you have yourself bad if (I) demand from
() (dying) (take it)

voi una cosa; ed è, che nel caso vi venisse voglia
you one thing and it is that in the case to you were to come (the) want
(desire)

di rimaritarvi".
to remarry you

A queste parole il Re dette in urli da straziare il
At these words the King said in screams from tormenting the

cuore.
heart

Prese	le	mani	di	sua	moglie	e	le	bagnò	di	pianto,
Took	the	hands	of	his	wife	and	her	bathed	in	tears

giurando	che	era	un	di	più	venirgli	a	parlare	di	un
swearing	that	(it) was	one	to	many	coming to him	to	speak	of	an

altro	matrimonio.
other	wedding

"No,	no,	mia	cara	Regina",	egli	gridava,	"ditemi
No	no	my	beloved	Queen	he	screamed	say to me

piuttosto	che	io	debbo	seguirvi!"
rather	that	I	must	follow you

"Lo	Stato",	ripigliò	la	Regina	con	una	tranquillità
The	State	reproved	the	Queen	with	a	tranquillity

imperturbabile,	che	accresceva	gli	spasimi	e	le	torture
imperturbable	that	increased	the	spasms	and	the	tortures

del	Re,	"lo	Stato	ha	ragione	di	pretendere	da	voi
of the	King	the	State	has	reason	of ()	to expect	from	you

dei	successori;"
of the	successors
()	

"e vedendo che io ho dato solamente una figlia, vorrà
and seeing that I have given only one daughter (it) will want

da voi dei figli che vi somiglino:"
from you of the sons that you resemble
()

"ma io, con tutte le forze dell'anima e per tutto il
but I with all the forces of the spirit and for all the

bene che mi avete voluto, vi domando di non cedere
good that me you have desired of you I ask to not yield
(give in)

alle insistenze de' vostri popoli.."
to the insistences of your people

"se non quando avrete trovato una Principessa più bella
if not when (you) will have found a Princess more beautiful
(unless)

e fatta meglio di me."
and made better than me

"Giuratemelo, e morirò contenta."
Swear me that and (I) will die content

Alcuni   credono   che   la   Regina,   la quale   non   mancava
Some   believed   that   the   Queen   the which   not   lacked
                                              (who)

di   una   certa   dose   di   amor proprio,   volesse   per   forza
of   a   certain   dose   of   love self   wanted   by   force
()   (self love , narcism)

questo   giuramento,   perché,   persuasa   com'era   che   nel
this   oath   because   convinced   as she was   that   in the

mondo   non   ci   fosse   altra   donna   da   starle   a   fronte
world   not   there   was   another   woman   to   be her   ahead

per   bellezza,   veniva   così   ad   assicurarsi   che   il   Re   non
for   beauty   came   thus   to   be sure   that   the   King   not
(in)   (did)

si   sarebbe   mai   riammogliato.   Finalmente   ella   morì,   né
himself   would be   never   remarried   Finally   she   died   never

ci   fu   marito   che   facesse   mai   tanto   fracasso.
there   was   (a) husband   that   made   never   so much   tumult
                                        (ever)

Piangeva   come   una   vitello   tagliata,   singhiozzava   giorno
He wailed   like   a   calf   cut   (he) sobbed   day
(cried)

e   notte,   e   non   aveva   altro   pensiero,   che   quello   di
and   night   and   not   had   another   thought   than   that   of

adempiere   a   tutto   il   cerimoniale   e   a   tutte   le   seccature
to fulfill   to   all   the   ceremonies   and   to   all   the   annoyances

del   vedovile.
of the   widowhood

Ma i grandi dolori non durano.
But the large pains not last

D'altra parte, i maggiorenti dello Stato si riunirono, e
Of other side the Elders of State reunited and
(Also)

presentatisi in deputazione al Re, si fecero a
presenting themselves in (a) deputation to the King made themselves to

domandargli che riprendesse moglie. Questa proposta gli
ask him that he would retake (a) wife This proposal him

parve dura, e fu cagione di nuovi piagnistei.
seemed hard and was cause of new wailing

Messe di mezzo il giuramento fatto alla Regina e
Put of place the oath made to the Queen and
[He stated]

sfidò tutti i suoi consiglieri a trovargli una moglie più
defied all the his advisors to find him a wife more
()

bella e fatta meglio della sua sposa buon'anima;
beautiful and made better of the his spouse good spirit
(than) (may she rest in peace)

persuaso che sarebbe stato impossibile.
persuaded that it would be been impossible
(it would have)

Ma il Consiglio chiamò ragazzate simili giuramenti, e
But the Council called childish such oaths and

soggiunse che la bellezza importava fino ad un certo
added that the () beauty was important (counted) up to a certain

segno, purché la regina fosse virtuosa e buona da far
mark provided that the Queen were virtuous and good to make

figliuoli: che per la quiete e la tranquillità dello Stato
children that for the quiet and the () tranquillity of the State

ci volevano dei Principi ereditarii: che, senza ombra di
it (they) wanted of the () Princes hereditary that without shadow of

dubbio, l'infanta aveva tutte le doti volute per diventare
doubt the royal child had all the gifts desired for to become

una gran Regina, ma bisognava darle per isposo un
a great Queen but (they) needed to give her as wife (to) a

forestiero: e in questo caso, o il forestiero l'avrebbe
foreigner and in this case either the stranger her would have

menata a casa sua, o, regnando con essa, i loro
taken to () home his or reigning with her the () their

figli non sarebbero stati considerati dello stesso sangue:
sons not they would be (have) been considered of the same blood

e finalmente, che non avendo egli nessun figlio
and finally that not having he no son

maschio che portasse il suo nome, i popoli vicini
male that he carried the his name the people neighboring
()

avrebbero potuto far nascere delle guerre da condurre
would have been able to let grow of the wars to lead
(start) ()

lo Stato in rovina.
the State in ruin

Il Re, toccato da queste considerazioni, dette parola
The King touched by these considerations gave word

che avrebbe pensato a contentarli. Cercò difatti fra le
that (he) would have considered to please them (He) Sought indeed between the

Principesse da marito quella che sarebbe stata più
Princesses to marry one that would be been most
(have)

adatta per lui. Ogni giorno gli portavano a vedere dei
suitable for him Every day him (they) carried to see of the
(the)

bellissimi ritratti: ma non ce n' era neppur una che
most beautiful portraits but not there of them was not even one that

avesse le grazie della defunta Regina.
had the graces of the late Queen

E   così   non   si   decideva   mai.
And   therefore   not   he decided   never
(ever)

Quand'   ecco   che   per   sua   gran   disgrazia,   sebbene
When   here, see   that   for   his   great   misfortune   although

fosse   stato   fin   allora   un   uomo   pien   di   giudizio,   tutto
he was   been   until   then   a   man   full   of   judgment   all
(had)

a   un   tratto   dette   volta   al   cervello,   e   cominciò   a
to   one   stroke   gave   turn   to the   brain   and   began   to
(in)   [mixed up the   ]

pigliare   la   fissazione   di   credere   che   l'infanta   sua   figlia
get   the   obsession   of   to believe   that   the Child   his   daughter
(believing)   (the royal female child, the princess)

vincesse   di   gran   lunga   in   grazia   e   in   bellezza   la
overcame   by   great   length   in   grace   and   in   beauty   the
(very)   (far)

Regina   madre,   e   fece   intendere   che   era   deciso   a
Queen   mother,   and   made   to understand   that   he was   decided   to
(gave)

volerla   sposare,   perché   ella   sola   poteva   sciogglierlo   dalla
want her   marry   because   she   only   could   set him free   from the

fatta   promessa.
made   promise

127 Pelle D'Asino

PELLE   D'ASINO - LA   PRINCIPESSA
HIDE   OF DONKEY   THE   PRINCESS
(OF THE DONKEY)

Il Re   cominciò a   pigliare la fissazione di credere che
The King started   to   get   the obsession   of to believe that
                                                      (believing)

l'infanta   sua   figlia   vincesse di gran lunga in grazia e
the Child   his   daughter overcame by great length in grace   and
(the royal female child . i.e . the princess) (very) (far)

in bellezza la Regina madre, e fece intendere che era
in beauty   the Queen   mother and made to understand that (he) was
                                      (gave)

deciso a volerla sposare, perché ella sola poteva
decided to want her marry   because she   only could

scioglierlo dalla   fatta   promessa. A   questa   brutale
set him free from the made   promise   To this   brutal
                                                        (barbaric)

proposizione, la giovane Principessa, un fior di virtù e
proposition   the young   Princess   a   flower of virtue and

di pudore, ci   corse poco   non cadesse   in   terra
of decency of it ran   little not fell   in   (the) ground
             (because of that) (almost) ()   (on)

svenuta. Si gettò ai piedi del Re suo padre, e lo
fainted. (She) threw herself to the feet of the King her father and him

scongiurò, con tutte le forze dell'anima, a non
begged   with all   the forces of the spirit to not

costringerla a commettere un tal delitto.
force her   to commit   a   such crime

Ma il Re, che si era fitto in testa questa strana
But the King that himself was driven in head this strange
          (had)

idea, volle consultare un vecchio druido, per acquietare
idea wanted to consult an old druid for to quiet

la coscienza della giovane Principessa.
the conscience of the young Princess

Il druido, che sapeva più d'ambizioso che di santo,
The druid that knew more of ambition than of saintliness

non badò a sacrificare l' innocenza e la virtù, per la
not waited to sacrifice the innocence and the virtue for the

boria di diventare il confidente di un gran Re, e
pomp of to become the confidant of a great King and

trovò il modo di insinuarsi con tanto garbo nell'animo
(he) found the way to insinuate himself with so much niceties into the mind

di lui, e gli abbellì talmente il delitto che stava per
of him and him beautified so much the crime that (he) was to

commettere, che lo persuase perfino che lo sposare la
commit that him (he) persuaded even that the to marry the
                                                      (marrying)

propria figlia era un' opera meritoria.
own daughter was a work deserving praise

Il Re, messo su dai discorsi dello scellerato, lo
The King put on from the speeches of the wicked person him

abbracciò, e si partì da lui più incaponito che mai
embraced and himself left from him more strongheaded that never
(left) (than) (ever)

nella sua idea, e ordinò all' infanta di prepararsi a
in the his idea and ordered to the (royal) child to prepare herself to
(in) (the)

ubbidire.
obey

La giovane Principessa straziata da un acerbo dolore,
The young Princess tortured by a sour pain
(bitter)

non vide altro scampo che andare a casa della sua
not saw another escape than to go to (the) house of her

comare, la fata Lilla.
godmother the fairy Lilla

Per cui partì la sera stessa in un grazioso calessino,
For who (she) left the evening same in a graceful little carriage

tirato da un grosso montone che conosceva tutte le
pulled by a large sheep that knew all the

strade, e arrivò felicemente.
roads and arrived happily

La — The
fata, — fairy
che — that
voleva — wanted
molto — a lot of
bene — well
all' — to the
infanta, — (royal) child
le — her
disse — said

che — that
aveva — (she) had
saputo — known
ogni — every
cosa, — thing
ma — but
che — that
non — not
se — herself
ne — of it

desse — (she) gave
alcun — any
pensiero, — thought
perché — because
non — not
poteva — could
accaderle — to happen to her
nulla — no (any)

di — of ()
male, — wrong
solo — only
che — that
avesse — she had (would)
dato — given
retta — right
fedelmente — faithfully
alle — to the (to)

sue — her
prescrizioni. — prescriptions

"Perché, — Because
mia — my
cara — beloved
figlia", — daughter
ella — she
disse, — said
"sarebbe — it would be
un — a

grande — large
sproposito — mistake
lo — it (the)
sposare — to marry (marrying)
vostro — your
padre: — father
e — and
voi, — you

senza — without
contradirlo, — contradicting him
potete — can
tirarvene — pull (get) yourself of it
fuori: — outside
ditegli, — his fingers
che — that
per — for

contentare — to content
un — a ()
vostro — your
capriccio, — whim
bisogna — it is needed
che — that
egli — he
vi — you

regali — presents
un — a
vestito — dress
color — color
dell'aria." — of the air

"Con tutta la sua potenza non sarà mai capace di
With all the his power not (he) will be never able of
      ()   (ever)

tanto."
so much

La Principessa ringraziò senza fine la comare, e la
The Princess thanked without end the godmother, and the

mattina dopo ripeté al Re, suo padre, quello che la
morning after repeated to the King her father, that what the

fata le aveva consigliato, dichiarando che senza il
fairy her had advised, declaring that without the

vestito color dell' aria, ella non avrebbe mai
dress color of the air, she not would have never
                                             (ever)

acconsentito a nulla.
consented to nothing
              (anything)

Il Re, tutto contento per la speranza avuta, radunò gli
The King all content for the hope had, assembled the

operai più famosi e ordinò loro questa stoffa, sotto
laborers most famous and (he) ordered them this cloth, under

pena che, se non ci fossero riusciti, li avrebbe fatti
punishment that if not it they would succeeded, them (he) would have made

tutti impiccare dal primo all' ultimo.
all to hang from the first to the last

Ma non ebbe il dispiacere di venire a questi estremi.
But not he had the displeasure to come to these extremes

Il giorno dopo gli portarono il vestito tanto desiderato:
The day after him (they) carried the dress so desired
　　　　　　　　　　　(brought)

e il cielo quando è sparso di nuvole d'oro non ha
and the sky when (it) is dotted with clouds of gold not has

un colore più bello di quello che aveva questa stoffa,
a color more beautiful than the one that had this cloth

quando venne spiegata.
when (it) showed
　　　(be)came

L' infanta ne rimase afflittissima e non sapeva come
The royal child of it remained afflicted very much and not knew how

uscire da quest' impiccio.
to exit from this mess

Il Re pigiava per venire a una conclusione.
The King pressed for to come to a conclusion

Bisognò   tornare   un'   altra   volta   dalla   comare,   la   quale
(She) Needed   to return   an   other   time   to the   (fairy) godmother   who

stupita   che   il   suo   ripiego   non   avesse   fatto   l'   effetto,
was astonished   that   the   her   trick   not   had   made   the   effect
                        ()

le   suggerì   di   provarsi   a   chiedere   un   altro   vestito   color
her   suggested   to   try   to   ask   an   other   dress   color
                        (herself)

della   luna.
of the   moon

Il   Re,   che   non   sapeva   rifiutarle   nulla,   mandò   fuori   in
The   King   that   not   knew   refuse her   nothing   sent   outside   in
                                        (anything)

cerca   di   operai   più   capaci,   e   ordinò   loro   un   vestito
search   of   laborers   most   able   and   (he) ordered   of them   a   dress

color   della   luna,   e   con   tanta   premura   di   averlo   subito,
color   of the   moon   and   with   so much   haste   to   have it   immediately

che   fra   l'   ordinarlo   e   il   riportarlo   bell'e   fatto,   non   ci
that   between   the   ordering it   and   the   bringing back it   beautiful is made   not   there

corsero   ventiquattr'   ore.
ran   twentyfour   hours

L' infanta, invaghita in quel primo momento più del
The royal child enamored in that first moment more of the

magnifico vestito che di tutte le attenzioni di suo
magnificent dress than of all the attentions of her

padre, se ne afflisse poi oltremisura, appena si trovò
father herself of it plagued afterwards extremely as soon as herself (she) found

insieme colle sue donne e colla sua nutrice. La fata
together with the her women and with the her nanny The fairy
(the) (with)

Lilla, che sapeva tutto, venne in aiuto alla sconsolata
Lilla that knew all came in aid to the inconsolable

Principessa, e le disse:
Princess and her told

"O io non ne azzecco più una, oppure ho ragione di
Or I not of it guess more one or I have reason of

credere che se ora gli chiedeste un vestito color del
to believe that if now him (you) asked a dress color of the

sole, si sarebbe trovato il verso di disgustare il Re,
sun yourself would be found the means to displease the King
(have)

vostro padre;"
your father

"perché è impossibile che si possa giungere a
because (it) is impossible that one could arrive to
(succeed)

fabbricare una simile stoffa. Male male che la vada,
manufacture one such cloth Badly badly that it goes
(if)

guadagneremo sempre del tempo".
(we) will earn always of the time
(the)

L'infanta se ne persuase, e chiese il vestito. Il Re,
The royal child herself of it persuaded and asked the dress The King

tutto amore per lei, diede senza rincrescimento tutti i
all love for her gave without regret all the

diamanti e i rubini della sua corona, con ordine di
diamonds and the rubies of the his crown with order of
(the)

non risparmiare alcuna cosa perché questa stoffa
not to save any thing because this cloth

riuscisse compagna al sole: tanto che quando fu
succeeded to match to the sun so much that when (it) was
(the)

messa in mostra, tutti quelli che la videro, furono
put on show all those that it saw were

costretti a chiuder gli occhi per il gran bagliore.
forced to close the eyes for the great glare

Si vuole anzi che incominci da quel tempo l'uso degli
(They) wanted indeed that began from that time the use of the
(said)

occhiali verdi e delle lenti affumicate.
glasses green and of the lenses smoked

Figuratevi un po' come rimase l'infanta a quella vista.
You figure yourself a bit how remained the royal child at that sight

Cosa più bella e più artisticamente lavorata non s'era
(A) Thing more beautiful and more artisticly worked not itself was
(was)

veduta mai.
seen ever

Ella restò confusa, e col pretesto che le faceva male
She remained confused and with the pretext that her (it) made hurt
(under)

agli occhi, si ritirò nella sua camera, dove la fata l'
to the eyes, she herself withdrew in the her room where the fairy her
(the) (in)

aspettava col rossore della vergogna fino alla punta dei
awaited with the flush of the shame up to the tip of the
(with a) (of)

capelli.
hairs

E lì accadde di peggio; perché la fata, vedendo il
And there happened (of) worse because the fairy seeing the
(then)

vestito color del sole, diventò paonazza dal gran
dress color of the sun became livid of the great
(the)

dispetto.
annoyance

"Oh, questa volta poi, figlia cara", diss' ella all' infanta.
Oh this time then daughter beloved said she to the (royal) child

"Metteremo l' indegno amore di vostro padre a una
(We) Will put the unworthy love of your father to a

prova terribile. Sia pure che egli abbia fissato davvero
test terrible. It is also that he has fixed indeed
[to be fixated on something

il chiodo in questo matrimonio, che si figura assai
the nail in this wedding that himself figures so
] (on) (he thinks)

vicino: ma io son sicura che rimarrà molto sconvolto
close but I am sure that he will remain very upset

dalla domanda che vi consiglio di fargli. Si tratta della
from the demand that you (I) advise to make him It deals of the

pelle di quell' asino,"
skin of that donkey

"al quale egli vuole un gran bene perché provvede
to the which he desires a great good because (it) supplies
(to)

con tanta larghezza a tutte le spese della sua Corte."
with so much to all the expenses of the his Court
(of)

"Andate, e ditegli che desiderate quella pelle."
Go and tell him that (you) wish for yourself that skin

L'infanta, tutt' allegra di aver trovato un altro scappavia
The royal child all happy to have found an other escape route
(The princess)

per mandare a monte un matrimonio che detestava, e
to send to mountain a wedding that she detested and
[get rid of

colla speranza sicura che il padre suo non avrebbe
with the hope sure that the father hers not would have

mai acconsentito a sacrificare l'asino del suo cuore,
ever consented to sacrifice the donkey of his heart

andò da lui e gli disse chiaro e tondo che voleva
(she) went to him and him said clear and round that (she) wanted
[loud and clear]

la pelle di quel bell' animale.
the skin of that beautiful animal

Sebbene   il   Re   rimanesse   molto   sconcertato   per   questo
Although   the   King   remained   very   abashed   by   this

capriccio,   non   esitò   a   contentarla.
whim   not   (he) hesitated to   please her

Il   povero   asino   fu   sacrificato   e   la   sua   pelle   venne
The   poor   donkey   was   sacrificed   and   the   his   skin   came
()   (was)

presentata   con   molta   galanteria   all'   infanta,   la   quale,
introduced   with   a lot of   gallantry   to the   (royal) child   who

non   vedendo   più   alcun   mezzo   per   sottrarsi   alla   sua
not   seeing   more   any   means   for   to get herself out of the   her
(of)

disgrazia,   stava   per   perdersi   d'   animo   e   darsi   alla
misfortune   was   to   loose herself   of   spirit   and   give herself   to

disperazione;   quando   ecco   che   sopraggiunse   la   fata:
desperation   when   here   that   supervened , came   the   fairy

"Che   fate   voi,   figlia   mia",   diss'   ella   vedendo   la
How   do   you   daughter   of mine   said   she   seeing   the

Principessa   che   si   strappava   i   capelli   e   si   graffiava   il
Princess   that   herself tore   the hair   and   herself scratched   the

bel   viso;
beautiful face

"questo   è   il   momento   più   fortunato   della   vostra   vita.
this   is   the   moment   most   fortunate   of   your   life

Avvolgetevi   in   codesta   pelle,   uscite   dal   palazzo   e
You bundle up yourself   in   that   skin   escape   from the   palace   and

camminate   finché   troverete   terra   sotto   i   piedi.   Quando
walk   until   (you) will find   earth   under   the   feet   When

si   sacrifica   tutto   alla   virtù,   gli   Dei   sanno   ricompensare.
yourself sacrifice   wholly   to   virtue   the   Gods   they know   to reward
(you sacrifice yourself)   (how)

Andate;   sarà   mia   cura   che   le   vostre   robe   vi   seguano
Go   it will be   my   care   that   the   your   robes   you   (they) follow
( )

dappertutto;   in   qualunque   luogo,   dove   vi   fermerete,   la
everywhere   in   any   place   where   you   will stop   the

cassetta   de'   vostri   vestiti   e   delle   vostre   gioie   vi   sarà
chest   of   your   dresses   and   of the   your   jewels   you   will be
(of)   (have)

venuta   dietro   sotto   terra: eccovi   la   mia   bacchetta: ve
come   behind   under   ground   see you   the   my   wand   ye
( )   (you)

la   regalo,   e   battendola   in   terra   tutte   le   volte   che
it   (I) give   and   striking it   on   (the) earth   all   the   times   that

avrete   bisogno   della   vostra   cassetta,"
will have   need   of   your   chest
(you have)

"la   cassetta   apparirà   dinanzi   ai   vostri   occhi.   Ma
the   box   will appear in front   to the your   eyes   But
                                             (of)

spicciatevi   a   partire,   e   non   più   indugi".
haste yourself to   leave   and not   anymore lingering

L'infanta   abbracciò   mille   volte   la   sua   comare,   pregandola
The royal child embraced   thousand times   the   her   godmother   praying her
(The princess)   ()

di   non   abbandonarla   mai;   si   messe   addosso   quella
of   not   to abandon her   never   herself put   on   that

brutta   pelle,   e   dopo   essersi   insudiciato   il   viso   di
ugly   hide   and after   being herself gotten dirty   the   face   with
                                 (having herself)

fuliggine,   uscì   da   quel   magnifico   palazzo,   senza   che
soot   exited   from that   magnificent   palace   without   that

nessuno   la   riconoscesse.
nobody   her   recognized

La   sparizione   dell'   infanta   fece   un   gran   chiasso.   Il   Re,
The   disappearance of the   (royal) child made   a   large   uproar   The   King

che   aveva   fatto   preparare   una   magnifica   festa,   era
that   had   made   prepare   a   magnificent   feast   was
                (let)

disperato   e   non   sapeva   darsene   pace.
desperate   and not   knew   to give himself of it peace
                                    (how to find)

Diè ordine che partissero più di cento giandarmi e più
(He) Gave order that would leave more than hundred policemen and more

di mille moschettieri in cerca della figlia: ma la fata,
than thousand musketeers in search of the daughter but the fairy

che la proteggeva, la rendeva invisibile agli occhi di
that her protected her rendered invisibile to the eyes of

tutti.
all

L'infanta intanto camminava giorno e notte. Essa andò
The meanwhile walked day and night She went
(royal) child

lontano, e poi più lontano, e sempre più lontano, e
far away and then more far away and always more far away and

cercava dappertutto un posto da impiegarsi; ma sebbene
searched everywhere a place to employ herself but although

per carità le dessero un boccone, nessuno voleva
for charity her (they) gave a mouthful nobody wanted

saperne di lei, a cagione di vederla tanto sudicia.
to know anything of her by cause of to see her so dirty

Giunse   finalmente   a   una   bella   città,   dove   vicino   alla
(She) Reached   finally   to   a   beautiful   city   where   close   to the
                                                ( )

porta   c'era   una   fattoria:
gate   there was   a   small farm

E   la   fattoressa   aveva   appunto   bisogno   di   una   donna
And   the   farmer woman   had   at that point   need   of   a   woman
                                        (just then)

da   strapazzo   per   lavare   i   cenci   e   per   tenere   puliti   i
because of being overworked   to   wash   the   rags   and   to   keep   cleaned up   the

tacchini   e   lo   stallino   dei   maiali.
turkeys   and   the   stable   of the   pigs
                        (sty)

Vedendo   questa   zingara   così   sudicia,   le   propose   di
Seeing   this   gypsy   so   dirty   her   (she) proposed   to

entrare   al   suo   servizio: e   l'infanta   accettò   di   gran
enter   into the   her   service   and   the   accepted   of   great
        (into)   (royal) child   [with   great

cuore,   stanca   com'   era   di   aver   fatto   tanto   paese.
heart   tired   as   (she) was   to   have   done   so many   lands
enthousiasm]   (traveled)

Fu messa in un canto della cucina, dove sui primi
(She) Was put in a corner of the kitchen where on the first

giorni ebbe a patire gli scherzi triviali del basso
days she had to suffer the jokes trivial of the low

personale di servizio, tanto la sua pelle d'asino la
servants while the () her skin of donkey her
(of the donkey)

rendeva sporca e nauseante. Alla fine ci fecero
it rendered dirty and sickening At the end of it made
(made) [they got used to it

l'occhio, e perché ella si mostrava molto precisa nelle
the eye and because she herself showed very precise in the
]

faccende che doveva fare, la fattoressa la prese nelle
matters that (she) had to do the farmer woman her took in the
(in)

sue buone grazie. Menava le pecore all' erba, e, alla
her good care (She) Lead the sheep to the grass and at the
(meadow) (at)

sua ora, le rimetteva dentro: e guardava anche i
their hour them (she) put back inside and watched also the

tacchini, e lo faceva con tanta intelligenza, che pareva
turkeys and it did with so much intelligence that it seemed

non avesse fatto altro mestiere in vita sua:
not she had done any other trade in life her

Ogni cosa fioriva e prosperava fra le sue mani.
Every thing bloomed and prospered in the her hands
()

Un giorno, mentre stava seduta presso una fontana d'
One day while she was sitting near a fountain of

acqua limpidissima, dove veniva spesso a piangere la
water very clean where she came often to cry the
()

sua misera sorte, le saltò in capo di specchiarvisi
her miserable fate it jumped in head of to look at herself
(came) (to) (mind)

dentro, e l' orribile pelle d'asino, che le serviva da
in there and the horrible skin of donkey that her served as
(of the donkey)

cappello e da vestito, la spaventò. Vergognandosi di
hat and as dress her scared Ashamed to

trovarsi in quello stato, si lavò ben bene il viso e
find herself in that state herself (she) washed very well the face and
(such a)

le mani, che diventarono bianche più dell' avorio, e il
the hands so that (they) became white more of the ivory and the
(than)
()

suo bel carnato riprese la freschezza di prima.
her beautiful flesh resumed the freshness of before

Il piacere di vedersi così bella le fece entrar la
The pleasance of seeing herself so beautiful her made enter the
(entertain)

voglia di bagnarsi, e si bagnò: ma dopo, per tornare
wish to bathe herself and herself (she) bathed but after to return

alla fattoria, le convenne rimettersi addosso la solita
to the small farm her it fitted to put again herself on top the usual

pellaccia.
filthy hide

Per buona fortuna l' indomani era giorno di festa; per
For good fortune the following day was day of festivity for

cui ebbe tutto il comodo di fare apparire la sua
which she had all the ease of to make appear the her
(time off) ()

cassetta, di accomodarsi e di pettinarsi perbene, di
chest to make up herself and to comb herself nicely to

dare la cipria ai suoi bei capelli e di mettersi il suo
give the powder to her beautiful hair and to wear the her
(put) (into) ()

bel vestito color dell' aria. La sua camera era così
beautiful dress color of the air The her room was so
()

piccina, che non c'entrava nemmeno tutto lo strascico
small that not there entered not even all the train

della sottana.
of the underdress

La bella Principessa si mirò e si ammirò da
The beautiful Princess herself looked and herself she admired by

se stessa, e con molto piacere; anzi, con tanto
herself and with a lot pleasure indeed with a lot
(of) (of)

piacere, che decise da quel momento in poi di
pleasure that she decided from that moment in then to
(from)

mettersi nelle feste e per le domeniche, a uno per
join in the festivities and for the Sundays at one per

volta, tutti i suoi bei vestiti, non foss' altro per darsi
time all the her beautiful dresses not it was anything else to give herself
() (than)

un po' di svago.
a bit of amusement

E mantenne puntualmente la presa risoluzione.
And (she) maintained punctually the taken decision

Ella intrecciava dei fiori e dei diamanti fra i suoi bei
She interlaced of the flowers and of the diamonds in the her beautiful
() () ()

capelli, con un' arte ammirabile:
hair with an art admirable

e spesso sospirava, mortificata di non avere per
and often sighed mortified of not to have for
(having)

testimoni, se non le sue pecore e i suoi tacchini, che
witnesses if not the her sheep and the her turkeys that
(but) () ()

le volevano lo stesso bene, anche a vederla vestita di
her wished the same good also at to see her dressed of
(seeing her) (in)

quella orribile pelle d'asino, che le aveva dato il brutto
that horrible skin of donkey that her had given the ugly
(of the donkey) (earned)

soprannome, fra la gente di fattoria.
nickname between the people of small farm
(of the)

153 La Principessa

PELLE D'ASINO - IL PRINCIPE
HIDE   OF DONKEY   THE PRINCE
(OF THE DONKEY)

Un giorno di festa, in cui Pelle d'Asino s' era messa
One day of festivity in which Skin of Donkey herself was put on
(had)

il suo vestito color del sole, il figlio del Re, al quale
the her dress color of the sun the son of the King to which
()

apparteneva la fattoria, ritornando dalla caccia, vi
belonged the small farm returning from the hunt there

si fermò per prendere un po' di riposo.
stopped to take a bit of rest

Quel Principe era giovane, bello, fatto a pennello della
That Prince was young handsome made by paint-brush of the

persona, l' occhio diritto di suo padre, l' amore della
person the eye straight of his father the love of the
(passion)

Regina sua madre, l' idolo di tutti i suoi popoli.
Queen his mother the idol of all the his people
()

Venne   offerta   al   Principe   una   merenda   campestre,   che
There came   offered   to the   Prince   a   picknick   rustic   that

egli   accettò: e   dopo   si   messe   a   girare   per   i   cortili   e
he   accepted   and   after   he began   to   to turn (walk)   around   the   courtyards   and

per   tutti   i   ripostigli.
by   all   the   storerooms

E   nel   girandolare   di   qua   e   di   là,   entrò   in   un   andito
And   in the (while)   walking around   here   and   there   (he) entered   in   a   hallway

scuro,   in   fondo   al   quale   vide   una   porta   chiusa.
dark   in   back   at the which (of which)   (he) saw   a   door   closed

La   curiosità   gli   fece   metter   l'   occhio   al   buco   della
The   curiosity   him   made   to put   the   eye   to the   hole   of the

serratura.
lock

Ma   immaginatevi   come   restò,   quando   vide   la   Principessa
But   you imagine yourself   how   (he) remained   when   (he) saw   the   Princess

così   bella   e   così   riccamente   vestita!   Al   suo   aspetto
so   beautiful   and   so   richly   dressed   At   her   aspect

nobile   e   modesto,   la   prese   per   una   Dea.
noble   and   modest   her   (he) took   for   a   Goddess

La foga della passione, che provò in quell' istante, fu
The ardour of passion that (he) experienced in that instant was

così forte, che avrebbe di certo sfondata la porta, se
so strong that (he) would have of certain smashed in the door if
                                  (certainly)

non l'avesse trattenuto il rispetto che gl' ispirava quell'
not would have held the respect that him inspired that

angelo di donna. Se ne venne via a gran passi per
angel of (a) woman Himself of it (he) went away with large steps of

quell' andito oscuro e tetro, ma lo fece per andar
that hallway dark and wistful but it (he) let to go

subito ad informarsi chi era la persona che stava in
immediately to inquire himself who was the person that was in

quella piccola cameruccia. Gli risposero che era una
that small room Him they answered that was a

servaccia, chiamata Pelle d'Asino, a motivo della pelle
humble servant called Skin of Donkey for (the) reason of the skin

colla quale si vestiva, e che era tutt' unta e bisunta
with the which herself (she) dressed and that (she) was wholly oily and greasy
(with)

da fare schifo a guardarla e a parlarci, e che l'
to do disgusting to watch her and to speak to it and that her
(be)

avevano presa proprio per compassione per mandarla
they had taken just out of compassion to send her

dietro ai montoni e ai tacchini.
after to the sheep and to the turkeys
    ()   ()

Il	Principe,	poco	soddisfatto	di	questo	schiarimento,
The	Prince	little	satisfied	of	this	clarification (explanation)

s'accorse	subito	che	quella	gente	ordinaria	non	ne
himself realized (realized)	immediately	that	those	people	ordinary	not	of it

sapeva	di	più,	e	che	era	fiato	buttato	via	stare	a
knew		more	and	that	it was	breath [a waste of	thrown breath	away	to be]	to

interrogarla.
find out about her

Se	ne	tornò	al	palazzo	di	suo	padre,	innamorato	da
Himself ()	of it ()	(He) Returned	to the	palace	of	his	father	in love	(from)

non	potersi	dir	quanto,	e	coll'	immagine	fissa	dinanzi
not	to be (being) able	to say	how much	and	with the	image	fixed	before

agli	occhi,	di	quella	creatura	divina	che	aveva	veduto
to the (his)	eyes	of	that	creature	divine	that	(he) had	seen

dal	buco	della	serratura.
through the hole	of the	lock (key)	

Egli	si	pentiva	di	non	aver	picchiato	alla	porta:	ma
He	himself	repented	of	not	to have (having)	knocked	at the	door	but

fece	giuro	che	un'altra	volta	non	gli	sarebbe	più
(he) made	oath	that	another	time	not	(to) him	would be (it would have)	anymore

accaduto.
happened

Intanto   il   gran   subbuglio   del   sangue   cagionato   dall'
Meanwhile   the   great   confusion   of the   blood   caused   by the

amore,   gli   messe   addosso   nella   nottata   un   febbrone   da
love   him   put   over   in the   night   a   high fever   of
         (gave)

cavalli,   che   in   poche   ore   lo   ridusse   al   lumicino.
horses   that   in   little   hours   him   reduced   to the   (a) flicker
                                                                (to)

La   Regina   sua   madre,   che   non   aveva   altri   figliuoli
The   Queen   his   mother   that   not   had   other   children

che   quello,   si   dava   alla   disperazione,   vedendo   tornare
than   that one   herself   gave   to   desperation   seeing   to turn out

inutili   tutti   i   rimedi:
useless   all   the   remedies

e   invano   prometteva   ai   medici   grandi   ricompense: essi
and   in vain   promised   to the   doctors   large   rewards   they

adoperavano   tutta   la   loro   arte,   ma   non   bastava   a
used   all   the   their   art   but   not   it was enough   to
              ( )

guarire   il   Principe.
heal   the   Prince

Alla fine indovinarono che questa gran malattia derivava
At the end they found out that this severe malady derived

da qualche passione segreta, e ne avvertirono la
from some passion secret, and of it they informed the

Regina. La quale, tutta tenerezza per il suo figlio,
Queen Who all tenderness for the () her son

venne a scongiurarlo di palesare la cagione del suo
came to ask him to reveal the cause of his

male, col dire che quand' anche si fosse trattato di
malady with to say that when also it was a case of

cedergli la corona, il Re suo padre sarebbe sceso dal
to cede to him the crown the King his father would be come down from the

trono senza rammarico, pur di vederlo contento; e che
throne without sorrow also of to see him content and that

se egli avesse desiderato in moglie una Principessa,
if he had wished as wife a Princess

avrebbe fatto qualunque sacrificio perché la potesse
she would have made any sacrifice because her he could

avere, anche se fossero stati in guerra col padre di
have also if they were to be in war with the father of
(go) (to)

essa e che ci fossero giusti motivi di rancore.
that one and that it they were just reasons of rancor
(her) (justified)

Ma che per carità lo scongiuravano a non lasciarsi
but that for goodness sake him (they) asked for to not to let himself

morire perché dalla vita sua dipendeva la loro.
die because from the life his depended that of them (theirs)

La Regina desolata non poté finire questo discorso
The Queen desolated not could end this speech

commovente senza bagnare il viso del Principe con un
moving without to bathe the face of the Prince with a

diluvio di lacrime.
deluge of tears

"Signora", prese a dire il Principe con un fil di voce,
Lady took to say the Prince with a thread of voice
(started)

"io non sono un figlio tanto snaturato da desiderare la
I not am a son so unnatural to wish the
(vile)

corona del padre mio: Dio voglia che egli campi
crown of the father of mine God wants that he lives

ancora cent'anni, e che io possa essere il più fedele
still (a) hundred years and that I can be the most faithful

e il più rispettoso dei suoi sudditi!"
and the most respectful of his subjects

"In   quanto   alla   Principessa   che   mi   offrite,   non   ho
In   so much   to the   Princess   that   me   you offer   not   I have

pensato   ancora   ad   ammogliarmi: ma   quando   fosse,
thought   still   to   marry myself   but   when   it was

potete   ben   credere   che,   sommesso   come   sono,   farei
you can   very well   believe   that   submitted   as   I am   I would do

sempre   la   vostra   volontà,   qualunque   cosa   me   ne
always   the   your   will   any   thing   me   of
          ()

dovesse   costare."
it had   to cost

"Ah!   figlio   mio",   riprese   la   Regina,   "nessuna   cosa   ci
Ah   son   my   resumed   the   Queen   no   thing   there

parrà   grave,   pur   di   salvarti   la   vita:"
appears   serious   merely   to   save to you   the   life

"ma,   mio   caro   figlio,   salva   la   vita   mia   e   quella   del
but   my   beloved   son   save   the   life   mine   and   that   of the

padre   tuo,   facendoci   conoscere   il   tuo   desiderio,   e   stai
father   yours   making us   know   the   your   desire   and   may be
                                          ()   [and   you can

sicuro   che   sarai   contentato."
sure   that   you will be   pleased
be sure]

"Ebbene, signora", disse egli, "poiché volete per forza
Well   lady   said he   since   you want by force

che vi manifesti il mio desiderio, vi obbedirò; tanto più
that you I manifest the my desire   you I will obey the more
                     ()

che mi parrebbe un delitto di mettere in pericolo la
because me it would seem a crime to put in danger   the

vita di due esseri, che mi sono carissimi.
life of two beings, that me are most dear

Ebbene, madre mia, io desidero che Pelle d'Asino mi
Well   mother of mine I wish that Skin of Donkey me

faccia un piatto dolce: e quando sarà fatto, che mi
makes a dish   sweet and when she will be done that me

sia portato qui."
it is carried here

La Regina, sentendo un nome così bizzarro, domandò
The Queen hearing   a name so   bizar   asked

chi fosse questa Pelle d'Asino.
who it was this   Skin of Donkey

"Signora", rispose uno de' suoi ufficiali, che per caso
Lady   answered   one of her officials that by case
                                                    (accident)

l' aveva veduta, "è la bestia più brutta, dopo il lupo:
her had seen   it is the beast more ugly then the wolf

un muso tinto, un sudiciume che abita nella vostra
a snout grimed a dirty   that lives in   your

fattoria e che custodisce i tacchini."
small farm and that guards the turkeys

"Questo non vuol dir nulla", disse la Regina, "forse il
This not wants to say nothing said the Queen perhaps the
           (means)   ()

mio figlio, tornando da caccia, avrà mangiato della sua
my son   returning from hunting will have eaten of the her
                                                   (of)

pasticceria: sarà un capriccio da malati: ma infine io
pastries   it will be a whim of sickness but anyway I

voglio che Pelle d'Asino (poiché questa Pelle d' Asino
want that Skin of Donkey after that this Skin of Donkey
                         (seeing that)

esiste) gli faccia subito un pasticcio."
exists him makes immediately a pie

Si mandò alla fattoria e fu fatta venire Pelle d'Asino,
She herself sent / to the / small farm / and / was (had) / made / to come / Skin / of the Donkey

per ordinarle un pasticcio per il Principe, e perché ci
for / to order of her / a / pie / for / the / Prince / and / because / in it

mettesse tutta la sua bravura. Alcuni scrittori pretendono
she put / all / the / her / skill () / Some / writers / pretend

che proprio in quel punto, in cui il Principe pose
that / just / in / that / moment / in / which / the / Prince / he placed

l'occhio al buco della serratura, gli occhi di Pelle
the eye / to the / hole / of the / lock / the / eyes / of / Skin

d'Asino se ne avvidero; e che dopo, affacciatasi alla
of Donkey / themselves of it / they noticed / and / that / after / shown herself / at the (at)

sua finestrina, e visto questo Principe così giovane,
her / window / and / seen / this / Prince / so / young

così bello, e così ben formato, ne avesse serbata l'
so / beautiful / and / so / good / formed / of it / she had / conserved / the

immagine scolpita nel cuore, e che spesso e volentieri
image / carved / in the / heart / and / that / often / and / gladly

questo ricordo le fosse costato qualche grosso sospiro!
this / memory / her / was / costing (forcing from her) / some / large / sigh

Fatto sta che Pelle d'Asino, o l' avesse voluto, o
Fact is that Skin of Donkey either it would have wanted or

avesse solamente sentito dire un gran bene di lui,
it would have only heard say a large good about him
(lot of)

era tutta contenta di aver trovata la via per farsi
she was very content of to have found the way to make herself

conoscere. Si chiuse nella sua cameretta:
known She shut herself up inside the her small room
(inside)

gettò in un canto quella pellaccia sudicia, si lavò ben
threw in a corner that worthless skin filthy herself washed very

bene il viso e le mani, ravviò i suoi biondi capelli,
well the face and the hands set up the her blond hair
()

s'infilò una bella vitina di argento luccicante e una
slipped on a beautiful bodice of silver shining and a

sottana della stessa roba, e si messe a fare il
robe of the same cloth and herself put to make the

pasticcio tanto desiderato.
pie so much wished

Prese del fior di farina, delle uova e del burro
She took of the cream of flour of the eggs and of the butter

freschissimo. E mentre lavorava a impastarlo, fosse caso
very fresh And while she worked to knead it it was case

o altro, un anello che aveva in dito le cascò nella
or other a ring that she had on finger her it fell in the

pasta e vi rimase dentro.
dough and there remained in

Appena il pasticcio fu cotto, si rimesse addosso la
As soon as the pie was cooked she put again on the
()

sua orribile Pelle d' Asino e consegnò il pasticcio all'
her horrible Skin of Donkey and delivered the pie to the

ufficiale, al quale chiese le nuove del Principe:
official to the which asked the news of the Prince
(to)

ma questi non si degnò nemmeno di rispondere, e
but this one not himself deigned not even to answer and
(he)

corse subito dal Principe col pasticcio.
ran immediately to the Prince with the pie

Il **Principe** glielo **prese** avidamente **dalle** mani e lo
The Prince him it took eagerly from the hands and it

mangiò con tanta **voracità,** che i medici, lì presenti,
ate with so much voracity that the doctors there present
(eagerness)

dissero subito che questa fame da lupi non era punto
they said immediately that this hunger of wolves not it was exactly

un buon segno. Difatti ci corse poco che il Principe
a good sign. Indeed it ran little that the Prince
(took) (before)

non rimanesse strozzato dall' anello, che trovò in una
not remained choked from the ring that he found in a

fetta del pasticcio: ma gli riuscì di cavarselo di bocca
slice of pie but him it succeeded of to remove it from (the) mouth

con molta destrezza, e così rallentò un poco anche la
with a lot of skill and so slowed down a little also the

furia del mangiare, esaminando il bellissimo smeraldo
fury of to eat examining the very beautiful emerald
(eating)

incastonato in un cerchietto d'oro, il quale era così
embedded in a band of gold which was so

tanto stretto, che egli giudicò non potesse star bene
very tight that he judged not it could be well

altro che al ditino più grazioso e più affascinante del
any other than to the little finger most graceful and most fascinating of the

mondo.
world

Bació mille volte l'anello, lo messe sotto il capezzale,
He kissed thousand times the ring it put under the bedside

e ogni tantino, quando credeva di non esser visto da
and every little while when he believed of not to be seen by

nessuno, lo tirava fuori per guardarlo.
nobody it he pulled outside to watch it
(anybody)

Non si può dire quanto si tormentasse il cervello per
Not he was able to say how much he tormented the brain to

immaginare il modo di arrivare a conoscere colei, alla
imagine the way to arrive to know with whom to
(get)

quale questo anello andasse bene.
which this ring went well

Non osava sperare che se egli avesse domandato di
Not he dared to hope that if he had asked of

Pelle d'Asino, di quella cioè che gli aveva fatto il
Skin of Donkey of who it is that for him had made the

pasticcio da lui richiesto, gliel' avrebbero fatta venire;
pie for him demanded him it would have made to come

e non aveva neppure il coraggio di palesare ad
and not he had (not) even the courage to reveal to

anima viva ciò che aveva veduto dal buco della
spirit living that what he had seen through the hole of the
(person)

serratura, per paura che lo canzonassero e lo
lock for fear that him they would make fun of and him

pigliassero per un visionario.
would take for a visionary
(dreamer)

Il fatto egli è che tutti questi pensieri lo tormentarono
The fact it is that all these thoughts him they tormented

tanto e poi tanto, che gli si riprese una grossa
so and then a lot that him overtook again a large

febbre:
fever

e i medici, non sapendo più che cosa dire,
and the doctors not knowing anymore what thing to say

dichiararono alla Regina che il suo figliuolo era malato
they declared to the Queen that the her son was sick
()

di amore.
of love

La Regina andò subito dal figlio, insieme col Re, che
The Queen went immediately to the son together with the King that

non sapeva darsi pace.
not knew to give himself peace

"Figlio, mio caro figlio", disse il Re, addoloratissimo,
Son of mine beloved son said the King very sad

"palesa pure il nome di quella che tu vuoi, ché noi
reveal so the name of the one that you want so that we

facciamo giuro di dartela, foss' anche la più vile fra
make (an) oath of to give her to you were it also the most vile between

tutte le schiave della terra."
all the slaves of the earth

La Regina, abbracciandolo, gli ripeté il giuro del Re. Il
The Queen embracing him him she repeated the oath of the King The

Principe, intenerito dai pianti e dalle carezze degli
Prince softened by the crying and by the caresses of the

autori de' suoi giorni:
authors of his days
(creators)

"Padre mio e madre mia", disse loro, "io non penso
Father of mine and mother of mine he said them I not think

punto a stringere un legame, che possa farvi
exactly to bind an engagement that can do you

dispiacere, e la prova, che dico il vero", soggiunse
displeasure and the proof that I tell the truth he added

cavando lo smeraldo di sotto il capezzale, "è questa,
getting out the emerald from under the bedside is this

che io sposerò la donna a cui quest' anello potrà
that I will marry the woman to which this ring will be able

entrare in dito, chiunque ella sia; né c'è da sospettare
to go on finger anyone she is neither there is to suspect

che quella che avrà un ditino così grazioso e sottile
that the one that will have a little finger so graceful and thin

possa essere una marrana o una contadina". Il Re e
can be a pig or a peasant The King and

la Regina presero in mano l'anello, lo esaminarono con
the Queen took in hand the ring it they examined with

molta curiosità, e finirono col dire come diceva il
a lot of curiosity and they ended with to say like said the

Principe, cioè, che non poteva andar bene, se non a
Prince that is that not it could go well if not to

una fanciulla di buona famiglia.
a maiden of good family

Allora il Re, abbracciato il Principe e scongiuratolo di
Then the King embraced the Prince and asked him to

guarire, uscì di camera e fece dare nei tamburi, nei
recover he exited from (the) room and made give in the drums in the

pifferi e nelle trombe per tutta la città e bandire col
pipes and in the bugles for all the city and to announce publicly by the

mezzo dei suoi araldi che non c'era da far altro che
means of the his heralds that not there was to do (anything) else than

venire al palazzo per provarsi un anello, e che quella
to come to the palace to try oneself a ring, and that the one

a cui sarebbe tornato preciso, avrebbe sposato l'erede
to which it would be turned precise that one would have married the heir
(fitted)

al trono.
to throne

Prima arrivarono le Principesse: poi le Duchesse, le
First arrived the Princesses then the Duchesses the

Marchese e le Baronesse; ma ebbero tutte un bell'
Marquises and the Baronesses but they had all a nice

assottigliarsi le dita: non ce ne fu una che potesse
submit themselves the fingers not there of them was one that could

infilarsi l'anello.
slip on the ring

Convenne   scendere   alle   modistine,   le quali,   sebbene
It was agreed   to come down   to the   modest ones   which   although
                                          (normal citizens)

graziose,   avevano   i diti   troppo   grossi.
graceful   they had   the fingers too   large

Il   Principe   che   cominciava   a   star   meglio,   faceva   da
The   Prince   that   began   to   be   better   did   by
                                          (feel)

se stesso   la   prova.
himself   the   test

Si venne   finalmente   alle   cameriere;   e   anche   queste
It came   finally   to the   waiters   and   also   these

fecero   la   figura   di   tutte   le   altre.
made   the   figure   of   all   the   others
(had)   (form)

Non   c'era   più   nessuna   donna   che   non   si   fosse
Not   there was   more   any   woman   that   not   herself was
                                          (had)

provata   invano   a   mettersi   l'anello,   allorché   il   Principe
tried   in vain   to   put herself on   the ring   when   the   Prince

volle   che   venissero   le   cuoche,   le   sguattere   e   le
he wanted   that   came   the   cooks   the   kitchen maids   and   the

pecoraie:
sheep herders

e tutte gli furono menate dinanzi; ma i loro ditoni
and all to him they were led in front but the their fingers
()

grossi e tozzi non poterono passare nell' anello.
large and thick not they could pass in the ring

"È stata fatta venire quella Pelle d'Asino che, giorni
Is been made to come that Skin of Donkey that days
(to be)

addietro, mi fece un dolce?", domandò il Principe.
ago me made a cake demanded the Prince

Tutti si messero a ridere e risposero di no, perché
All themselves put to laugh and they answered of no because
(started)

era troppo sudicia e da far schifo.
she was too dirty and of to make sick
(get)

"Cercatela subito", disse il Re, "non sarà detto mai
Find you her immediately said the King not there will be saying never

che io abbia fatta una sola eccezione."
that I have made one single exception

Ridendo   e   burlando,   corsero   in   cerca   della   tacchinaia.
Laughing   and joking   they ran   in   search of the   turkeymaid

L'infanta,   che   aveva   sentito   i   tamburi   e   il   bando   degli
The royal child that   had   heard   the   drums   and   the   band   of

araldi   d'arme,   s'era   già   figurata   che   il   suo   anello
heralds   of arms   herself was   already   figured   that   the   her   ring
                        (had)   ()

fosse   la   causa   di   tutto   questo   diavoleto.
was   the   cause   of   all   this   devilish
                                                  (rumour)

Essa   amava   il   Principe,   e   perché   il   vero   amore   è
She   loved   the   Prince   and   because   the   true   love   is
                                                        ()

timido   e   modesto,   così   stava   sempre   colla   paura   che
timid   and   modest   therefore   she was   always   with the   fear   that
                                          (had)   ()

qualche   dama   non   avesse   un   ditino   piccolo   come   il
some   lady   not   had   a   little finger   small   like   the
                                                                               ()

suo,   per   cui   fu   per   lei   una   grande   allegrezza   quando
hers,   for   which   it was   for   her   a   great   joy   when

vennero   a   cercarla   e   a   battere   alla   sua   porta.
they came   to   search her   and   to   knock   at the   her   door
                                                          (at)

Fin dal momento che ella era venuta a sapere che
End from the moment that she was come to know that
(Right)

si cercava un dito, al quale andasse bene il suo
they searched a finger to which went well the her
()

anello, una vaga speranza l'aveva consigliata a pettinarsi
ring a vague hope her had advised to comb herself

con più amore del solito e a mettersi il suo bel
with more care than usual and to put herself the her beautiful
()

busto d'argento, con la sottana tutta gale e ricami
bodice of silver with the robes all blowing and embroidered

d'argento e seminata di smeraldi. Appena sentì bussare
with gold and sprinkled with emeralds As soon as she heard knock

alla porta e chiamarsi per andare dal Re, lesta come
on the door and herself being called to go to the King quick as

un baleno si rimise la sua pelle d'asino e aprì. Gli
a lightning herself put on again the her donkey skin and opened The
()   ()

uomini di corte, pigliandola in canzonatura, le dissero
men of court taking her in tease her they said

che il Re la cercava, per farle sposare suo figlio;
that the King her searched to make her marry his son

quindi in mezzo alle più matte risate, la condussero
so   in the midst   of the   most   mad   laughing   her   they lead

dal Principe: il quale, stupefatto anch' esso dallo strano
to the   Prince   who   dumbfounded   also   he   from the   strange

abbigliamento della fanciulla, non voleva credere che
apparel   of the   child   not   he wanted   to believe   that

fosse quella medesima che aveva veduto coi propri
she was   that   same   that   he had   seen   with the   his own
(with)

occhi, così sfolgorante e così bella!
eyes   so   brilliant   and so   beautiful

Tristo e confuso di aver preso questo granchio
Sad   and   confused   to   have   catched   this   crab

a secco madornale: "Siete voi", le domandò.
dry   enormous   Are   you   her   he asked
(Is it)

"Che abitate in fondo di quel corridoio oscuro, nel
that   lived   in   (the) back   of   that   corridor   dark   in the

terzo cortile della fattoria?" .
third   courtyard   of the   small farm

"Sissignore!",   rispose.
Yes Lord   she answered

"Fatemi   vedere   la   vostra   mano",   disse   egli   tremando   e
Let me   see   the   your   hand   said   he   trembling   and
                      ()

con   un   grosso   sospiro.
with   a   deep   sigh

Indovinate   ora   voi   chi   rimase   più   meravigliato   di   tutti?
Imagine yourself   now   you   who   became   most   surprised   of   all

Fu   il   Re   e   la   Regina,   furono   tutti   i   ciamberlani   e   i
It was   the   King   and   the   Queen   they were   all   the chamberlains   and   the

grandi   della   Corte,   quando   videro   uscir   fuori   di   sotto
great people   of the   Court   when   they saw   come out   outside   from   under

a   quella   pelle   nera   e   bisunta,   una   manina   delicata,
of   that   skin   black   and   greasy   a   small hand   delicate

bianca   e   color   di   rosa,   dove   l'anello   senza   molta
white   and   color   of   rose   where   the ring   without   much

fatica   poté   infilarsi   nel   più   bel   ditino   del   mondo;
trouble   could   slip itself   in the   most   beautiful   little finger   of the   world
                                    (on the)

quindi   per   un   leggero   movimento   fatto   dall'infanta,   la
when   with   a   light   movement   made   by the Child   the
(by the princess)

pelle   cadde,   ed   ella   apparve   di   una   bellezza   così
skin   fell   and   she   appeared   of   a   beauty   so
(of)

abbagliante,   che   il   Principe,   sebbene   ancora   molto
dazzling   that   the   Prince   although   still   very

debole,   si   gettò   ai   suoi   piedi   e   l'abbracciò   con   tanto
weak   himself threw   to the   her   feet   and   her embraced   with   so much
(to)

ardore,   che   la   fece   arrossire;
ardour   that   her   he made   blush

ma   nessuno   quasi   se   ne   accorse,   perché   il   Re   e   la
but   nobody   almost   himself   of it   noticed   because   the   King   and   the

Regina   vennero   ad   abbracciarla   anch'   essi   con
Queen   they came   to   embrace her   also   them   with

grandissima   tenerezza,   e   le   chiesero   se   fosse   contenta
greatest   tenderness   and   her   they asked   if   she was   content

di   sposare   il   loro   figliuolo.
to   marry   the   their   son
()

La   Principessa,   confusa   da   tante   carezze   e   dall'amore
The   Princess   confused   from   so many   caresses   and   from the love

che   le   dimostrava   questo   bel   Principe,   stava   per
that   her   demonstrated   this   beautiful   Prince   she was   to

ringraziare,   quand'   ecco   che   il   soffitto   della   sala   si
thank   when   here see   that   the   ceiling   of   the hall   itself

aprì,   e   la   fata   Lilla,   calandosi   dentro   a   un   carro
opened   and   the   fairy   Lilla   lowering herself   inside   on   a   wagon

intrecciato   coi   rami   e   coi   fiori   del   suo   nome,   raccontò
interlaced   with   shoots   and   with   flowers   of   her   name   told

con   una   grazia   infinita   tutta   l'istoria   dell'   infanta.   Il   Re
with   a   grace   infinite   all   the history   of the   royal child   The   King

e   la   Regina   lietissimi   di   sapere   che   Pelle   d'Asino   era
and   the   Queen   delighted   to   know   that   Skin   of Donkey   was

una   gran   Principessa,   raddoppiarono   le   attenzioni,   ma   il
a   great   Princess   doubled   the   attentions   but   the

Principe   si   mostrò   sempre   più   sensibile   alle   virtù   della
Prince   himself he showed   even   more   sensitive   to the   virtue   of the

Principessa,   e   il   suo   amore   si   accrebbe   per   tutte   le
Princess   and   the   his   love   increased   for   all   the
                        ()

cose   che   aveva   sentito   dire.
things   that   he had   heard   say

La   sua   impazienza   di   sposare   la   Principessa   era   così
The   his   eagerness   to   marry   the   Princess   was   so
()

forte,   che   non   le   lasciò   nemmeno   il   tempo   di   fare   i
strong   that   not   her   he left   not even   the   time   of   to make   the

preparativi   convenienti   per   questo   augusto   imeneo.   Il   Re
preparations   convenient   for   this   august   bridal   The   King

e   la   Regina,   innamorati   della   loro   nuora,   le   facevano
and   the   Queen   in love   with   their   daughter in law   her   they made

mille   carezze   e   la   tenevano   sempre   stretta   fra   le   loro
thousands of   caresses   and   her   they held   always   tightened   between the   their
()

braccia.
arms

Ella   aveva   dichiarato   che   non   poteva   sposare   il
She   had   declared   that   not   she could   marry   the

Principe   senza   il   consenso   del   Re   suo   padre;   per   cui
Prince   without   the   consent   of the   King   her   father   for   which

egli   fu   il   primo   ad   essere   invitato,   senza   dirgli   per
he   was   the   first   to   be   invited   without   telling him   for

altro   il   nome   della   sposa: la   fata   Lilla   che,   com'è
other   the   name   of the   spouse   the   fairy   Lilla   that   like it is

naturale,   era   quella   che   regolava   ogni   cosa,   aveva
natural   was   the one   that   managed   every   thing   had

voluto   così,   per   evitare   tutte   le   conseguenze.
wanted   thus   to   avoid   all   the   consequences

Arrivarono Principi e Re da tutti i paesi; chi in
There arrived Princes and Kings from all the countries these in

portantina, chi in calesse; i più lontani vennero a
sedan chair these in buggy and more far they came on
(portable covered chair)

cavallo sopra elefanti, sopra tigri e sopra aquile; ma il
horse on elephants on tigers and on eagles but the

più magnifico e il più potente di tutti fu il padre
most magnificent and the most powerful of all was the father

dell' infanta, il quale, per buona fortuna, aveva
of the Infanta who fortunately had

dimenticato il suo amore stranissimo e aveva sposato
forgotten the his love very strange and had married
()

una Regina, vedova e molto bella.
a Queen widowed and very beautiful

L'infanta andò a incontrarlo; ed egli la riconobbe subito
The Child went to meet him and he her recognized immediately
(the princess)

e l'abbracciò con gran tenerezza, prima che ella
and her embraced with great tenderness before that she

avesse il tempo di gettarsi ai suoi piedi.
had the time of to throw itself to his feet

Il   Re   e   la   Regina   gli   presentarono   il   loro   figlio,   al
The   King   and   the   Queen   him   they presented   the   their   son   to
()

quale   egli   fece   un   sacco   di   garbatezze.   Le   nozze
which   he   made   a   bag   of   gracefulness   The   weddingdays
(gave)

furono   celebrate   con   uno   scialo   da   non   potersi
were   celebrated   with   a   fulness   to   not   be able oneself

descrivere.   I   giovani   sposi,   poco   curanti   di   tutte   queste
to describe   The young   spouses   little   noticing   of   all   this

magnificenze,   non   vedevano   e   non   pensavano   altro   che
magnificence   not   saw   and   not   thought   (anything) else than

a   se   stessi.
of   themselves

Il   Re,   padre   del   Principe,   fece   incoronare   suo   figlio   lo
The   King   father   of the   Prince   made   crown   his   son   the

stesso   giorno,   e   baciandogli   la   mano,   lo   collocò   sul
same   day   and   kissing him   the   hand   him   placed   on the

trono,   malgrado   la   resistenza   opposta   da   questo
throne   in spite of   the   resistance   opposed   by   this

buonissimo   figliuolo: ma   bisognò   ubbidire.
very good   son   but   he had   to obey

Le feste di questi illustri sponsali durarono più di tre
The festivities of these illustrious nuptials lasted more than three
(wedding ceremony)

mesi; ma l'amore dei giovani sposi durerebbe anch'
months but the love of the young spouses would last also
(even)

oggi, tanto si volevano bene, se non fossero morti
today so much themselves they desired well if not they were died
(had)

cent'anni dopo.
(a) hundred years after

La storia di Pelle d'Asino è un po' difficile a pigliarla
The history of Skin of Donkey is a bit difficult to take
(it)

per vera; ma finché nel mondo ci saranno nonne,
for true but while in the world there will be grandmothers

mamme e ragazzi, se la ricorderanno tutti con piacere.
mothers and kids themselves it they will remember all with pleasure

![BERMUDA WORD logo]

The book you're now reading contains the paper or digital paper version of the powerful e-book application from Bermuda Word. Our software integrated e-books allow you to become fluent in Italian reading and listening, fast and easy! Go to <u>learn-to-read-foreign-languages.com</u>, and get the App version of this e-book!

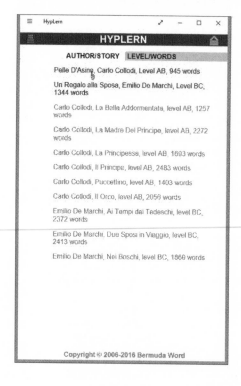

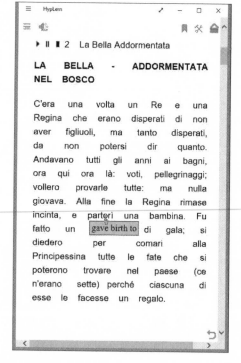

The standalone e-reader software contains the e-book text, includes audio and integrates **spaced repetition word practice** for **optimal language learning**. Choose your font type or size and read as you would with a regular e-reader. Stay immersed with **interlinear** or **immediate mouse-over pop-up translation** and click on difficult words to **add them to your wordlist**. The software knows which words are low frequency and need more practice.

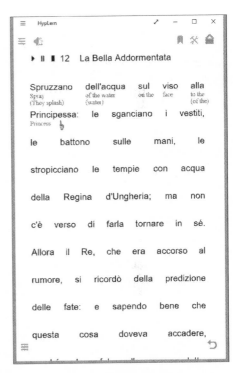

With the Bermuda Word e-book program you **memorize all words** fast and easy just by reading and listening and efficient practice!